昭和38年3月
北海道鉄道旅行写真帖

函館本線、室蘭本線、根室本線、釧網本線、宗谷本線、留萌本線、手宮線、千歳線、夕張線、幌内線、万字線、湧網線、天北線、羽幌線、岩内線、定山渓鉄道、夕張鉄道、釧路臨港鉄道、雄別鉄道、留萌鉄道、寿都鉄道、札幌市電、函館市電、旭川電気軌道、炭礦鉄道各線

写真：小川峯生　解説：牧野和人

昭和30年代に入り、地方路線における旅客列車の気動車化が推進された。その急先鋒がキハ20(キハ49000)形をはじめとする従来車よりも大柄な車体断面を備える20m級車両だった。キハ21形は寒冷地仕様の両運転台者車。キハ20と同じ1957(昭和32)より84両が製造された。側面にはスタンディー・ウインドウを備える。◎軍川(現・大沼)　1963(昭和38)年3月12日

.....Contents

まえがき

　日本の鉄道黎明期の車両と洗練された近代型車両が、同じ軌間の線路上に並び立った昭和30年代。本書に掲載されている写真の全てを撮影した小川 峯生さんは、未だ北海道旅行が庶民にとって一大事業であるかのようであった時代に多くの炭鉱鉄道、専用線を訪れ、北の大地へ封印されながらも生き続ける明治、大正、昭和初期に製造された車両をフィルムに収めた。

　また、旧国鉄路線が全て非電化であった同時代には札幌、旭川の近郊で電化鉄道が営業していた。札幌、函館の市電と合わせて撮影された多くの写真は、今日では見られない電車の生き生きとした姿を詳細に表している。数々の写真は現在、動力近代化に夜明けの兆しが見え始めた頃の北海道を知る貴重な資料となっていることは言うまでもあるまい。

　文献の上では大都市間を結ぶ幹線を颯爽と駆けていた古典機が、煤けた石炭列車を牽引するに至り、それでも黙々と生き続けている姿を目に焼き付けていただきたい。

2023年5月　牧野和人

昭和30年代には50両を超える蒸気機関車が在籍していた小樽築港機関区。31番線まであった扇形庫は東洋一の規模を誇る施設だった。冬季には扉の多くが閉められ、蒸気を原動力とする機関車の保温が図られた。圧縮空気で動かす転車台周りからは蒸気が漏れだし、幻想的な情景が展開した。
◎函館本線　小樽築港機関区　1963（昭和38）年3月2日

昭和38年当時の時刻表路線図

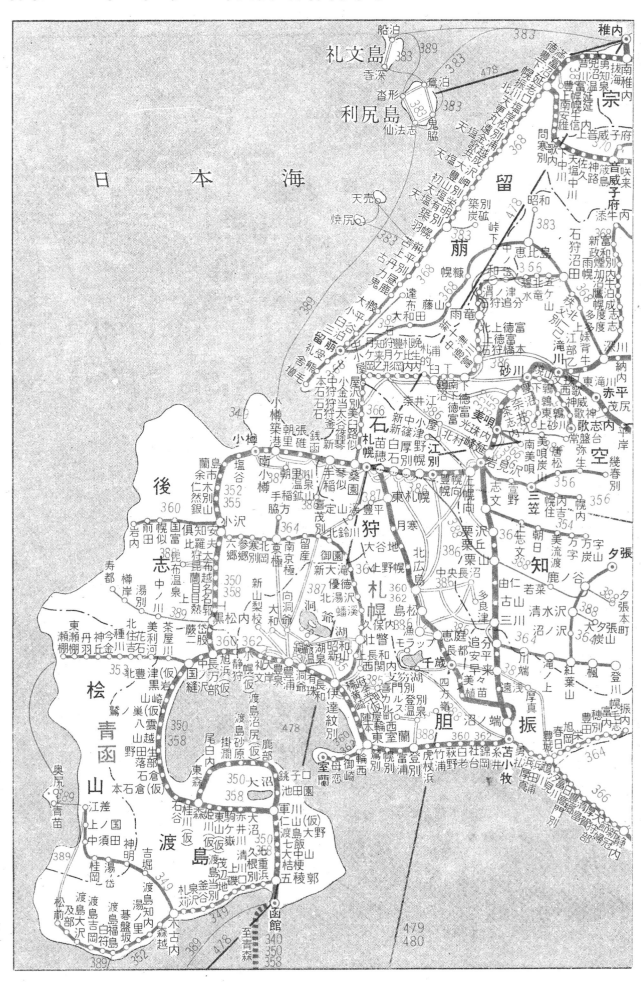

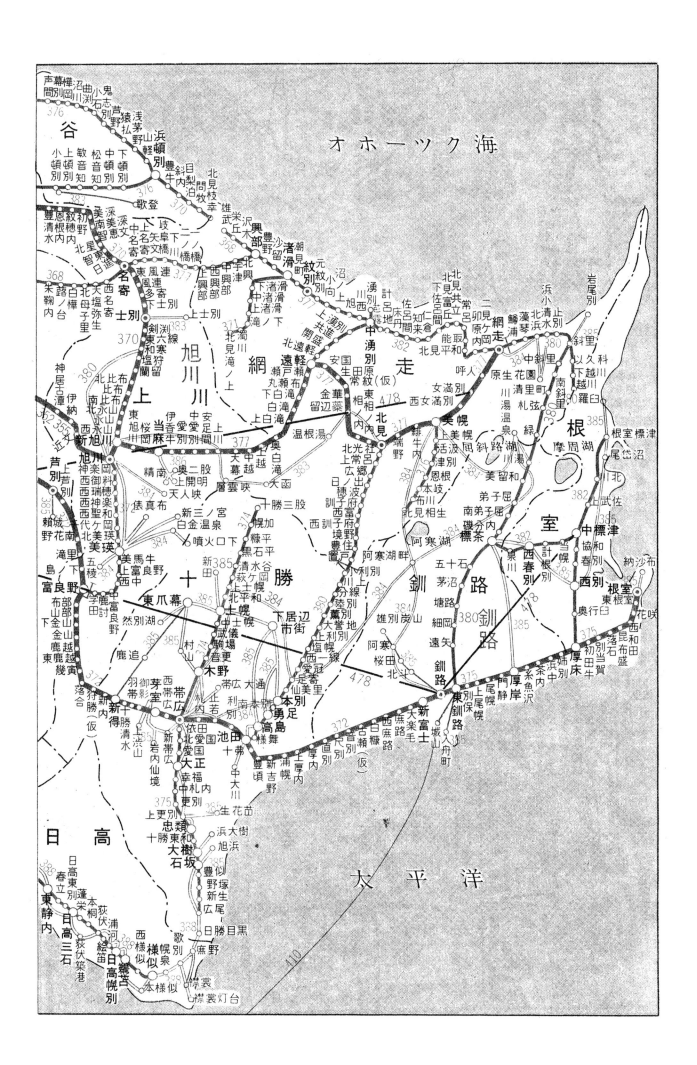

昭和37年当時の国鉄時刻表

キロ程	駅名＼列車番号＼行先	札幌 915D	旭川 1D 1	釧路 135	小樽 141D	倶知安 920D	長万部 1011 3001 1	札幌 ※125	長万部 125	札幌 43	札幌 11	旭川 121	渡島大野 623D	渡島大野 621D	札幌 15D	岩見沢 219	森 641D	網走釧路 625D	釧稚内走 13D 13
0.0	青森 森発	…	0 10	…	…	…	3001 030 500	…	…	…	010	…	…	…	…	…	…	…	620
113.0	函館 森着	…	4 35	…	…	…		…	…	…	435	…	…	…	…	…	…	…	1050
0.0	函館 館発	…	4 55	…	…	…	520	12 1 月 24 月 日 ～ 日 運航	…	600	625	700	800	806	…	948	1110
3.4	五稜郭 郭〃	…	時急図（おおぞら）	…	…	…	↓		…	1急図（大雪）↓	631	705	1急図（アカシヤ）	813	…	954	1急図（オホーツク）
8.3	桔梗 山〃	…		…	…	…	1急図（石狩）↓	2等1両圏	…		639	713	821	…	1002
10.4	大中 飯〃	…		…	…	…			…		643	717	825	…	1006
13.8	七渡島 山〃	…		…	…	…			…		649	724	831	…	1011
17.9	渡島大野 山〃	…		…	…	…	↓		…		659	729	840	…	1017
	仁山〃	…		…	…	…	556		…	632	711		852	…	1024
27.0	軍川着	…		…	…	…			…		722		903	…	1034

キロ程	駅名		721D	723D	741D					725D					727D		
0.0	苫小牧 牧発	500	555	615	…	様似発 536	840	824	926	…	950	1009	1053	1219	1201
8.8	沼ノ端〃	↓	604	624	↓		↓	↓	935	↓	↓	1102	
15.3	植苗〃	↓	611	631	↓		↓	↓	942	↓	↓	1113	
22.8	美々〃	↓	620	639	↓	苫小牧間圏 様似苫小牧発	↓	↓	951	↓	↓	1121	
30.2	千歳 着発	532 533	628 629	647 658	… 734	906 910	釧路着 1525 （ちとせ）第1	958 959	…	1016 1017	1037 1041	1129 1135	1244 1249	1225 1225
33.8	長都〃	↓	634	↓	↓			↓		↓	1141
38.3	恵庭〃	↓	640	707	747			1010		↓	1147
43.0	島松〃	↓	646	716	753		280D	1016		↓	1153
49.5	北広島〃	↓	653	723	801	幌地〃	（日高）1128	1023		1038	1201
59.0	上野幌〃	↓	711	743	816		（以下352頁）旭川着	1054		↓	1218
62.5	大谷地〃	↓	716	753	825	…		1059		↓	1223
65.6	月寒〃	↓	725	758	831	…		1104		↓	1228
68.3	東札幌〃	↓	743	802	838	…		1108		↓	1234
71.4	苗穂〃	↓	749	807	843	…		1113		↓	1239
73.6	札幌着	648	752	811	847	…	952	925	1117	…	1104	1127	1243	1341	1305

37.12.25 訂補　　追分―夕張・紅葉山―登川（夕張線・下り）圏

キロ程	駅名	711D	713D	715D	717D	707D	719D	721D	723D	725D	727D	729D	731D	733D	709D	735D	2875D
	札幌発					723							1815			1942	
0.0	追分発	528	558	657	…	856圏	917	1145	1356		1540	1720	1939	…	2152
9.4	川端〃	539	苫小牧発520 609	708	↓	916	933	1156	1410	苫小牧発1456	1557	1734	第2夕張1939	…	2203
18.2	滝ノ上〃	549	620	718	↓		944	1207	1420		1608	1750	2004	…	2213
22.7	十三里〃	558	627	724	↓	925	1001	1114	1221	1430	1619	1805	2013	2110	2222
25.4	紅葉山〃	605	636	734	803	930	1006	1119	1227	1435	1624	1810	2018	2115	2228
28.1	沼ノ沢〃	↓	642	741	809	↓	1012		1233		1630	↓	2121		2235
32.1	南清水沢〃	↓	748		937	1018	1129	1236	1442	1522	1634	1817	1925	2025	2235
33.6	清水沢〃	613	657	754	812	937	1018	1129	1236	1442	1522	1634	1817	1925	2025
40.2	鹿ノ谷〃	624	708	805	824	947	1029	1140	1248	1453	1533	1646	1828	1936	2035	2136	2246
43.6	夕張着	631	715	812	850	954	1036	1147	1254	1500	1539	1652	1835	1942	2042	2142	2253

キロ程	駅名	831D	833D	835D	837D	839D		841D	843D	845D	847D
0.0	紅葉山発	6 39	8 12	10 34	12 26	14 35	夕張発	16 30	18 10	20 25	21 12
4.5	楓〃	6 46	8 19	10 41	12 33	14 42		16 37	18 17	20 25	21 19
7.6	登川着	6 54	8 27	10 49	12 41	14 50		16 45	18 25	20 33	21 27

37.12.1 訂補　　岩見沢――志　文――万字炭山（万字線）

キロ程	駅名	931	933	935	937	939	941	キロ程	駅名	930	932	934	936	938	940
0.0	岩見沢発	820	1040	1307	1504	1844	2158	0.0	万字炭山発	642	934	1202	1427	1714	2034
5.4	志文〃	831	1048	1318	1612	1854	2206	1.5	万字〃	646	937	1205	1430	1717	2038
12.0	上志文〃	841	1057	1328	1622	1907	2215	7.9	美流渡〃	658	948	1216	1441	1727	2050
17.6	朝日〃	850	1106	1338	1632	1919	2224	11.6	朝日〃	706	955	1223	1447	1735	2059
21.3	美流渡〃	857	1113	1346	1640	1931	2231	17.7	上志文〃	716	1003	1231	1456	1744	2110
27.7	万字〃	917	1133	1405	1659	1957	2258	23.8	志文〃	728	1013	1241	1505	1755	2124
29.2	万字炭山着	920	1137	1409	2001	2302		29.2	岩見沢着	737	1020	1248	1512	1802	2133

37.12.1 訂補　　岩見沢 ― 三笠 ― 幾春別・三笠 ― 幌内（幌内線）

キロ程	駅名	611D	613D	615D	617	619D	621D	623D	625	627D	629D	631	
0.0	岩見沢発	535	722	838	932	1046	1235	1518	1642	1751	2010	2210	611D. 613D
6.3	萱野〃	542	734	845	942	1053	1244	1528	1652	1758	2017	2222	
10.9	三笠着発	549 549	740 742	852 853	950 953	小樽発 1100 1101	1252 1253	1536 1538	1702 1703	仁木発 1805 1806	2024 2026	2231 2232	615D. 619D
14.8	唐松〃	555	748	859	1001	1108	1259	1544		1813	2033	2241	
16.8	弥生〃	559	752	903	1006	1112	1307	1551		1817	2036	2249	627D. 629D
18.1	幾春別着	602	755	906	1010	1115	1310	1555	1719	1820	2039	2252	

キロ程	駅名	721	723	725	727	729	731	733	735	737	739	741
0.0	三笠発	5 33	6 43	7 50	9 54	11 45	13 55	15 17	17 08	18 15	20 33	22 39
1.2	幌内住吉〃	5 40	6 50	7 57	10 01	11 52	14 02	15 27	17 18	18 22	20 40	22 46
2.7	幌内着	5 45	6 55	8 02	10 06	11 57	14 07	15 30	17 20	18 25	20 45	22 51

キロ程	駅名	921D	923D	925D	927D	929D	931D	933D	935D	937D			
0.0	湧別　発	…	…	7 22	…	…	…	16 19	…	…	…	…	…
4.9	中湧別　着発	…	…	7 30	…	…	…	16 27	…	…	…	…	…
		5 20	…	7 44	10 09	12 48	14 53	16 31	18 44	21 48	…	…	…
14.8	芭露	5 33	…	7 59	10 30	13 04	15 08	16 49	18 56	22 02			
21.4	計呂地	5 42	…	8 17	10 43	13 19	15 19	16 59	19 07	22 11			
25.9	床丹	5 49	…	8 25	10 49	13 27	15 28	17 08	19 15	22 18			
34.2	佐呂間	6 06	…	9 00	11 09	13 54	15 45	17 29	19 31	22 33			
40.9	知来	6 17	…	9 11	11 16	14 04	15 56	17 40	19 38	22 42			
46.3	仁倉	6 25	…	9 19	11 23	14 13	16 04	17 48	19 45	22 49			
50.9	下佐呂間	6 31	…	9 26	11 29	14 26	16 10	17 52	19 52	22 55			
54.3	北見富丘	6 37	…	9 31	11 35	14 33	16 16	18 00	19 57	23 00			
58.9	北見共立	6 45	…	9 40	11 41	14 40	16 24	18 08	20 04	23 07			
64.4	常呂	6 57	8 41	9 50	11 48	14 48	16 42	18 17	20 11	23 14			
71.6	能取	7 10	8 49	10 10	12 00	14 57	16 52	18 29	20 19	23 22			
78.0	北見平和	7 19	8 58	10 19	12 08	15 07	17 01	18 39	20 27	23 30			
81.5	卯原内	7 25	9 04	10 25	12 15	15 12	17 07	18 45	20 32	23 36			
87.0	二見ヶ岡	7 34	9 13	10 34	12 21	15 22	17 16	18 54	20 40	23 43			
94.7	網走　着	7 46	9 23	10 46	12 33	15 34	17 28	19 06	20 50	23 54			

37.10.1訂補　　　音威子府——浜頓別——稚内（天北線）

キロ程	駅名	711D	731D	713D	715D	2301D		717D	719D	721D	723D			
0.0	音威子府発	3 50	…	5 50	9 47	14 40	┌札幌発─	15 24	…	17 59	20 45	…	…	…
5.4	上音威子府	3 57	…	5 57	9 54		急	15 32	…	18 06	20 52			
15.6	小頓別	4 11	…	6 12	10 09		（天北）	15 47	…	18 21	21 06			
20.6	上小頓別	4 17	…	6 19	10 16		（札旭川間急）	15 54	…	18 28	21 12			
27.1	敏音知	4 25	…	6 29	10 26		501D	16 10	…	18 37	21 20			
34.5	松音知	4 33	…	6 39	10 35	15 24		16 19	…	18 47	21 28			
42.4	中頓別	4 43	…	6 50	10 44	↓		16 29	…	19 02	21 37			
51.6	下頓別	4 52	…	7 03	10 58	15 42		16 42	…	19 16	21 47			
61.4	浜頓別　着発	5 02	…	7 14	11 10	15 43		16 54	…	19 28	21 56			
		5 18	…	7 20	11 18			16 55	…	19 33	…			
67.6	山軽	5 25	…	7 27	11 20			17 04	…	19 42	…			
76.6	浅茅野	5 35	…	7 44	11 33			17 17	…	19 55	…			
82.9	猿払	5 43	…	7 51	11 41			17 24	…	20 04	…			
87.4	芦野	5 48	…	7 56	11 46			17 30	…	20 09	…			
93.7	鬼志別	6 30	…	8 05	11 59	16 13		17 38	…	20 17	…			
99.0	小石	6 41	…	8 12	12 05			17 44	…	20 25	…			
116.7	曲渕	7 04	（休運日）	8 35	12 33			18 07	18 50	20 33	…			
121.0	沼川	7 11		8 41	12 39			18 13	18 55	20 57	…			
127.1	樺岡	7 16		8 48	12 46			18 19	19 02	21 03	…			
136.3	幕別	7 25	8 32	8 59	12 55			18 29	19 11	21 13	…			
141.8	声問	7 32	8 38	9 06	13 02			18 36	19 18	21 20	…			
148.9	南稚内	7 44	8 48	9 18	13 12	17 10		18 45	19 28	21 30	…			
151.6	稚内　着	7 48	8 52	9 22	13 16	17 14		18 49	19 32	21 34	…			

37.12.1訂補　　留萌—羽幌—築別—幌延（羽幌線・下り）

キロ程	駅名	831D	833D	835D	837D	821D	839D	841D	823D	843D	825D	2801D		827D
0.0	留萌発	…	524	730	826	1000	1230	┌深川発─	1509	1634	1835	2000	┌札幌発─	2132
2.7	三泊	…	530	736	832	1007	1236	急	1515	1640	1841	2138		深川発
6.7	臼谷	…	536	742	838	1014	1242		1521	1646	1847	2144		
8.7	小平	…	539	750	846	1018	1245		1524	1655	1852	2012	急	2152
17.3	大椴	…	554	803	908	1038	1259		1543	1707	1905		（はぼろ）	2207
26.1	鬼鹿	…	610	818	920	1050	1312		1555	1725	1917		（札幌間急）	2219
33.0	力昼	…	625	827	928	1058	1329		1610	1733	1925		501D	2227
41.7	古丹別	…	638	845	941	1116	1343		1623	1752	1940			2241
46.6	上平	…	644	851	947	1122	1349		1630	1758	1946			2247
50.5	苫前	…	650	856	953	1128	1406		1641	1814	1951			2252
58.3	羽幌　着発	…	701	907	1004	1140	1406		1652	1824	2002	2105		2303
		…	702	912	1004	1141	1407	1502	1652	1825	2003	2106		2303
65.0	築別　着発		712	922	1014	1151	1417	1512	1702	1835	2013	2114		2313
69.8	天塩有明		718	926	…	1153	…	1513	…	1837	2016	2120		
73.6	天塩栄		725	933	…	1200	…	1520	…	1844	2023			
79.5	初山別		730	939	…	1205	┌深川発─	1526	…	1849	2028			
85.5	豊岬		738	948	…	1213	8 26	1534	…	1857	2036	2138		
88.0	天塩大沢		748	956	…	1222	深川発	1547	…	1905	2049			
91.6	共成		752	1000	…	1226		1551	…	1909	2053			
94.2	歌越		757	1005	…	1232		1556	…	1915	2059			
99.0	天塩金浦		801	1009	…	1241		1600	…	1918	2103			
103.3	遠別		807	1015	…	1247		1606	…	1925	2110			
108.4	丸松	630	814	1023	…	1254		1613	…	1932	2132	2208		
116.0	更岸	637	821	1030	…	1302		1621	…	1940	2139			
122.2	天塩	648	832	1041	…	1313		1632	…	1950	2148			
128.7	北川口	703	843	1052	…	1322		1642	…	2000	2156	2229		
133.9	振老	712	852	1101	…	1332		1651	…	2009	2203			
141.1	幌延　延着	720	900	1109	…	1340		1700	…	2017	2210			
		730	910	1119	…	1349		1711	…	2027	2219	2250		

37.12.1訂補　　　小沢——岩内（岩内線）　　　俱知安着2151┐

921D	923D	925D	927D	929D	931D	933D	935D	937D	939D	キロ程	駅名	920D	922D	924D	926D	928D	930D	932D	934D	936D	938D	940D
…	…	…	…	…	…	1240	…	…	1810		札幌	…	856	…	…	1658	…	…				
606	712	813	1018	1108	1318	1427	1704	1802	2010	0.0	小沢	1601	659	803	902	1053	1216	1409	1753	1921	2111	
610	716	814	1006	1112	1322	1431	1708	1906	2014	2.5	国富	557	655	759	858	1049	1212	1405	1514	1749	1915	2107
617	723	821	1013	1119	1329	1437	1715	1813	2021	6.0	幌似	552	650	754	853	1044	1207	1400	1509	1744	1912	2102
623	729	827	1019	1125	1335	1443	1721	1819	2027	9.0	前田	547	645	749	848	1039	1202	1355	1504	1739	1907	2057
630	736	834	1026	1131	1342	1451	1728	1826	2034	14.9	岩内	540	638	742	841	1032	1155	1348	1457	1732	1900	2050

昭和37年当時の私鉄時刻表

士別—上士別 （士別軌道） 37.12.5 改正　円60　キロ程10.8

士別発	600	730	800	この間 830. 900. 930. 1030. 1130. 1230. 1330	1930
上士別着	625	755	825	1430. 1500. 1530. 1600. 1630. 1700. 1730. 1830	1955
上士別発	725	755	825	この間 855. 925. 955. 1055. 1155. 1255. 1355	1955
士別着	750	820	850	1455. 1530. 1555. 1630. 1655. 1755. 1855	2020

築別—築別炭砿 （羽幌炭砿鉄道） 37.12.10 現在

715	815	1015	1210	1515	1710	1843	2015	2120	キロ程	円	発築別着	710	758	1002	1205	1425	1651	1830	2005	2116
735	845	1035	1230	1535	1733	1907	2035	2140	11.1	40	〃曙発	650	738	942	1145	1405	1625	1810	1945	2100
745	855	1045	1240	1545	1742	1917	2045	2150	16.6	60	着築別炭砿発	640	725	930	1135	1355	1615	1800	1935	2050

留萌—達布 （天塩炭砿鉄道） 37.12.1 改正

815	1315	1625		1900	キロ程	円	発留萌着	754	1111		1526	1711	…
838	1338	1649	日	1923	10.4	50	〃天塩本郷発	732	1048	日	1503	1648	…
846	1346	1657	曜	1931	14.3	60	〃沖内〃	724	1040	曜	1455	1639	…
902	1402	1711	運	1946	20.4	90	〃天塩住吉〃	710	1026	運	1441	1625	…
912	1412	1721	休	1956	25.4	110	着達布発	700	1015	休	1430	1615	…

恵比島—昭和 園併用 （留萌鉄道） 37.12.10 現在

…	…	620	1040	1315	1630	1750	2045	キロ程	円	発恵比島着	737	1001	1246	1511	1739	1936	…	…
…	…	628	1048	1323	1638	1758	2053	4.8	10	〃幌新発	729	953	1238	1503	1731	1928	…	…
…	…	641	1101	1336	1651	1811	2106	12.0	30	〃新雨竜〃	718	942	1227	1452	1720	1917	…	…
…	…	653	1113	1348	1703	1823	2118	17.6	50	着昭和発	705	925	1215	1440	1708	1905	…	…

城山—入舟町 園 （釧路臨港鉄道） 37.12.10 現在

…	…	…	808	1036	1400	1706	緑岡1802	キロ程	円	発城山着	806	1007	1356	1659	緑岡1800	…	…	…	…
…	…	…	815	1043	1407	1713		2.2	10	〃東釧路発	800	1001	1350	1653		…	…	…	…
…	…	…	905	1055	1419	1723	1808	5.5	10	〃春採〃	749	950	1339	1642	1754	…	…	…	…
…	…	…	925	1115	1439			11.3	20	着入舟町発	…	928	1316	1554		…	…	…	…

釧路—雄別炭山 （雄別鉄道） 37.12.1 改正

…	701	823	1057	1257	1600	1802	2025	キロ程	円	発釧路着	754	941	1149	1518	1653	2006	…	…
…	742	904	1137	1336	1645	1840	2103	31.3	100	〃阿寒発	706	903	1102	1434	1612	1929	…	…
…	751	913	1146	1345	1655	1849	2112	38.7	120	〃古潭〃	656	853	1053	1424	1603	1920	…	…
…	759	921	1154	1353	1704	1856	2119	44.1	140	着雄別炭山発	647	845	1044	1416	1556	1913	…	…

芦別—頼城 （三井芦別鉄道） 37.11.10 現在　円15　キロ程9.1

芦別発	638	730	824	915	1000	1045	1135	1219	1258	1413	1515	1558	1646	1755	1845	1952	2018	2118	2228
頼城着	715	808	859	944	1030	1116	1206	1250	1328	1444	1545	1633	1726	1826	1915	2025	2107	2151	2257
頼城発	540	636	730	814	908	955	1040	1130	1214	1314	1407	1505	1558	1641	1750	1901	1946	2027	2113
芦別着	610	706	800	845	935	1023	1106	1156	1240	1342	1433	1535	1624	1706	1818	1929	2013	2052	2140

旭川—東川—旭山公園 （旭川電気軌道） 37.12.10 現在

650	この間	2135	円	発旭川四条着	728	この間	2123	730	この間	2130	円	発旭川四条着	725	この間	2225
728	約60分毎	2213	70	着東川発	650	約60分毎	2045	755	約60分毎	2155	50	着旭山公園発	700	約60分毎	2200

美唄—常磐台 （三菱鉱業美唄鉄道） 37.11.10 現在

547	651	935	1340	…	1642	1811	2055	キロ程	円	発美唄着	625	758	956	1210	…	1557	1703	1849	2158
628	732	1022	1425	1535	1723	1851	2133	8.3	20	〃美唄炭山発	557	729	924	1144	1421	1531	1635	1821	2131
638	742	1032	1435	1545	1733	1901	2143	10.6	30	着常磐台発	546	717	912	1133	1410	1520	1624	1810	2118

黒松内—寿都 （寿都鉄道）（太字はバス） 37.12.10 現在

620	930	1130	1300	1450	1635	1750	1915	1940	キロ程	円	発黒松内着	550	700	846	1040	1355	1500	1700	1900
632	942	1141	1311	1501	1650	1801	1926	1952	3.9	40	〃中ノ川発	541	648	835	1030	1345	1449	1648	1847
659	1007	1156	レ	1516	1711	レ	1941	2017	9.9	90	〃湯別〃	519	623	↑	1015	1330	↑	1623	1826
706	1016	1206	1336	1526	1724	1826	1951	2026	13.3	120	〃樽岸〃	511	614	810	1005	1320	1424	1614	1813
720	1030	1215	1346	1535	1735	1836	2000	2040	16.5	150	着寿都発	500	600	800	955	1310	1414	1600	1800

37.12.10 現在　定　山　渓　遊電図併用連　（定山渓鉄道）　◇座席指定車連結（50円）

札　幌—東札幌　間 千歳線参照 364頁　（豊平—簾舞　80円）

キロ程	円	駅名					814		917		1044		1233	1334			1504	い		
2.2	10	苗　穂〃					819	準急	921		1049		1239	1338			1508	むね		
キロ程	円	東札幌国発			804	827		932		1054		1244	1345			1515		1615	
1.0	10	豊　平〃	625	708	740	808	832	900	940	1015	1100	1155	1250	1350	1425	1454	1520	1545	1621	1640
13.5	70	藤の沢〃	646	733	805	829	856	922	1002	1040	1123	1220	1312	1410	1447	1516 急行	1609	1643	1701
26.3	130	白糸の滝〃	713	801	838	856	927	954	1027	1110	1153	1252	1339	1436	1414 簾舞 1524	1555	1638	1716 簾舞
27.2	140	定山渓着	715	803	840	858	929	956	1029	1112	1155	1254	1341	1438	1416	1557	1640	1718

駅名		1706		1804	1839		2021					円	駅名		635	705	730	815	850	920	945	1020
札　幌発◇	も	1706		1804	1839		2021	2025					定山渓発		635	705	730	815	850	920	945	1020
苗　穂〃	み	1710		1809	1844		2025					10	白糸の滝〃		637	707	732	817	852	922	948	1022
東札幌国発	ぢ	1716		1814	1858		2032	2129				70	藤の沢〃		705	733	756	848	916 急行	1017	急行
豊　平〃		1710	1725	1755	1822	1910	2000	2045	2135	2220		130	豊　平〃		733	756	830	911	934	1000	1036	1053
藤の沢〃	急行	1749	1818	1849	1934	2023	2109	2159	2244			130	東札幌国〃		743	758	838			1006	
白糸の滝〃		1745	1822	簾舞 1828	1915	2004	2051	2141	2230	2311		150	苗　穂発		749		844			1012 しらば	み
定山渓着		1747	1824	簾舞	1917	2006	2053	2143	2232	2313		150	札　幌着		752		847			1016	どり◇

駅名	1045	1125	1215	1310	1355	1450	簾舞 1520	1532	1615	1650	簾舞 1732	1735	1815	簾舞 1840	1840	1930	2015	2105	2155
定山渓発	1045	1125	1215	1310	1355	1450		1532	1615	1650		1735	1815		1840	1930	2015	2105	2155
白糸の滝〃	1047	1127	1217	1313	1358	1452		1534	1617	1653		1738	1817		1842	1932	2018	2107	2157
藤の沢〃	1113	1155	1243	1341	1427	1516		1537	1601	1642	1718	1740	1809		1849	1909	1958	2046	2133	2221
豊　平〃	1140	1225	1303	1404	1446	1537		1602	1622	1706	1742	1806	1833	1855	1908	1935	2019	2015	2155	2242
東札幌国〃	1143	1234		1410				1604	1624	1717	1753					1943		2017	
苗　穂発	1148	1239		1415				1629	1724	1759		準急				1949			
札幌着	1152	1243		1419				1633	1728	1803						1953			

37.10.1 改正　清水沢——大夕張炭山　連　（三菱鉱業　大夕張鉄道）　（除・大夕張炭山）

△	627	940		1303	1610	1810	2032	キロ程	円	駅名		△	804	1001		1532		1701	1900	2116
601	703	1012	1255	1335	1641	1841	2057	7.6	20	〃南大夕張発	556	745	943	1155	1511	1609	1638	1842	2058
633	746	1048	1328	1412	1718	1917	2129	17.2	50	着大夕張炭山発	527	709	906	1125	1435	1540	1602	1808	2026

△印＝会社公休日は運休

37.12.10 現在　野　幌——夕張本町　気連　（夕張鉄道）太字は急行

827	1009	1225	1415	1550	**1748**	1855	2012	キロ程	円	駅名		727	804	**903**	この間	1453	1724	1819	1947
918	1041	1305	1455	1645	**1816**	1931	2048	23.0	90	〃栗　山国発	638	727	**838**		1421	1646	1753	1916
1027	1143	1407	1547	1750	**1903**	2022	2140	51.1	210	〃鹿ノ谷国〃	518	637	**759**	816. 938	1325	1546	1714	1825
1033	1149	1414	1552	1756	**1907**	2027	2145	53.2	220	着夕張本町発	510	632	**755**	1136	1318	1540	1710	1820

上表の他　若菜発夕張行 610. 732. 753. 1619　夕張本町発若菜行 732.1600　鹿ノ谷行1635.2040

37.11.10現在　札幌市営電車・バス

電車　自動車各別　運賃電車1系統13円　往復25円
バス　区間制　1区10円
運転時間　電車 630—2300　自動車 630—2300　頻繁

37.11.10現在　函館市営電車・バス

電車　運賃 15円均一制
市内線及函館—湯ノ川 448—2344　頻繁運転
バス　運賃区間制2区まで10円　1区増す毎5円
700—2000　頻繁運転

函館本線

接岸中の青函連絡船「摩周丸」を岸側から望む。船内に続く3組の線路が延び、鉄道連絡船らしい情景をつくり出していた。貨物列車が物品輸送手段として重用されていた時代だ。短い橋を介して陸地と船を結ぶ部分はかなりの急勾配になっており、機関車が貨車等を船内に搬入、搬出する入れ替え作業は思いのほか慎重を期す作業だった。◎函館　1963（昭和38）年3月1日

鉄道連絡船による航送作業では、船舶に車両等を出し入れする際、作業員が乗り込む控え車を機関車と貨車の間に連結する。ヒ500形は1954（昭和29）年から製造された。ワ1形等、2軸の有蓋車、無蓋車を種車として上回りを撤去し、手摺り等を追加した改造車両である。走行軸まわりは種車の仕様を踏襲して3種類あった。◎函館　1963（昭和38）年3月1日

日本海を渡って来る北西風が風雪をもたらし、厳しい環境に晒される厳冬期の小樽近郊。複線非電化の海岸に沿った路線をＣ62形が客車を連ねて走り抜ける。長万部〜小樽間の重連仕業が知られた小樽築港機関区所属のＣ62だが、小樽以東では急行列車を含めて単機で牽引した。
◎函館本線　小樽築港　1963（昭和38）年３月２日

小樽市の東部にある「小樽築港駅。駅名が示す通り、元は船舶に出し入れする貨物の集積基地として設置された地域である。広大な船着き場と貨物ヤードがあり、旅客用の駅は構内の東隅に置かれた１面の島式ホームと小ぢんまりとした駅舎があるばかりだった。また、大規模な扇形庫を有する機関区が隣接していた。近道として線路伝いに駅を目指す乗客の姿は日常風景だった。◎函館本線　小樽築港　1963（昭和38）年３月２日

道央圏の主要都市である札幌と小樽の間には区間
列車が数多く設定されている。函館本線が非電化
であった時代には、客車列車の先頭に立つのは蒸気
機関車だった。C58牽引の旧型客車が、貨物ヤー
ドを横目にゆっくりと進んで来た。聞こえてくるブ
ラスと音は歯切れよく、小樽以西の山線区間を行く
列車とは異なる軽快な雰囲気だ。
◎函館本線　小樽築港
1963（昭和38）年3月2日

貨物ヤードの片隅で入れ替え仕業に
備えて待機するB20。同機は第二
次世界大戦下で燃料統制が厳しくな
る中で、入れ替え用蒸気機関車の需
要が高まり1944（昭和19）年に新製
された。ボイラー上の角型ドームや、
窓、扉等を省かれた運転台は戦時仕
様だ。後ろには蒸機全盛時の一大車
両基地であった小樽築港機関区を象
徴する扇形庫の屋根が見える。
◎函館本線　小樽築港
1963（昭和38）年3月2日

は東北本線黒沢尻（現・北上）駅に
隣接する盛岡機関区黒沢尻支区に配
属された。1949（昭和24）年に小
樽築港機関区へ転属。終始入れ替え
専用機として用いられ昭和40年代
の前期まで同区に在籍した。
◎函館本線　小樽築港
1963（昭和38）年3月2日

は、郡山工機部（後の国鉄郡山工場）で
1944（昭和19）年2月に落成。当初

小型入れ替え用機B20の1号機は、

2等・3等合造車のスロハ31形。車両の等級が二種になって以降の撮影で、新1等車を表す「1」の表記が車体にある。1926（昭和4）年から製造され、地方路線の優等列車を主に運用された。新製時は二重屋根だった。1935 〜 1937・1939（昭和10〜 12・14）年にかけて31番以降の車両が丸屋根に改造された。
◎函館本線　小樽
1963（昭和38）年3月12日

大正時代から昭和初期にかけて製造され、東海道
本線をはじめとする幹線、亜幹線で旅客列車の牽引
に活躍したC51形。昭和30年代に入ると、日本形
蒸気機関車屈指の名機にも終焉の時が迫っていた。
169号機は晩年、室蘭機関区に在籍し、1963（昭和
38）年2月に廃車された。
◎函館本線　小樽
1963（昭和38）年3月11日

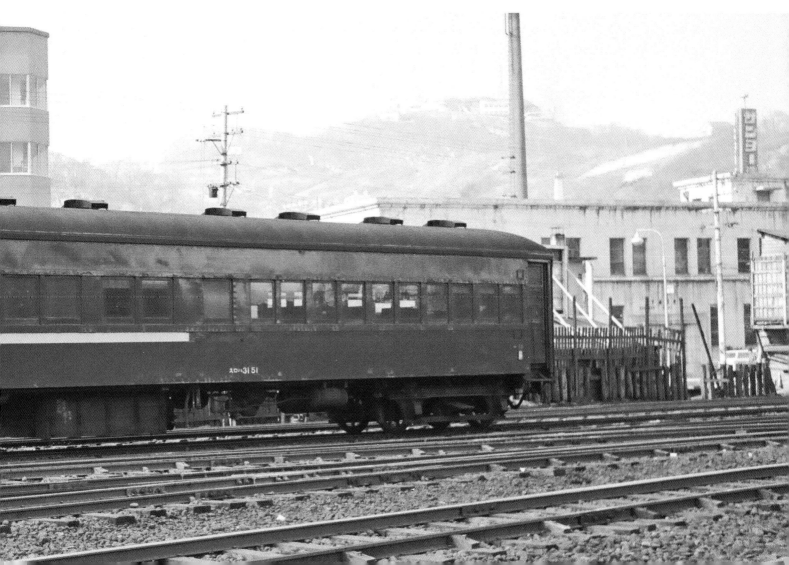

車体の片側に展望車を思わせる解放様式のデッキを備える配給客車のナル17600形。車庫の傍らに留め置かれていた。木造の車体に二重屋根。床下に張られた
トラス棒党は、黎明期の客車を彷彿とさせる。配給車を表す「ル」は、1953（昭和28）年の称号規定施行で生まれた記号だ。
◎函館本線　小樽　1963（昭和38）年3月11日

手宮線

2台のC12が入れ替え作業に勤しむ操車場。石炭貨車2両を牽引する写真奥の機関車は、車両の仕分け作業を行う施設であるハンプ線へ押し上げているようだ。
3月とはいえ、北海道はまだ厳冬期である。強い北風に煽られ、煙突から噴出された黒煙は進行方向へ流れていた。
◎手宮線　手宮　1963（昭和38）年3月10日

小樽市の郊外を走る石炭列車。機関車の次位に車
掌車を連結し、その後ろにボギー台車を履いた大柄
な石炭貨車が連なる編成だ。小樽以西の函館本線
沿線にはいくつもの炭鉱が点在し、船便への積み出
し基地がある小樽築港まで貨物列車が運行されて
いた。港から小樽へ向かう列車は空荷。機関車は
平坦区間をほぼ絶気で駆けて来た。
◎函館本線　小樽築港～南小樽
1963（昭和38）年3月2日

明治時代に近隣の港から鉄道機材が荷揚げされ、車両等の組
み立てを行う工場が建設されて北海道で鉄道発祥の地となっ
た小樽市内の手宮。南小樽～手宮間の手宮線で末期には客車
列車を1日2往復運転していた。旅客営業は1962（昭和37）
年に廃止され、同駅は貨物駅になった。貨物線として存続した
手宮線は1985（昭和60）年に廃止された。
◎手宮線　手宮
1963（昭和38）年3月2日

定山渓鉄道は1957（昭和32）年より国鉄札幌駅への乗り入れを始めた。乗り入れる列車には自社所属の気動車が充当された。前面に対称形の２枚窓を備えるキハ7000形は、国鉄乗り入れに際して製造された車両だった。それに伴い、東札幌〜苗穂間にあった電化設備は撤去された。
◎函館本線　札幌　1963（昭和38）年３月２日

札幌市交通局

札幌駅前通り沿いに建つ大同生命ビルの前を通る札幌市電240形。1960（昭和35）年に8両が導入された。210形等、昭和30年代に製造された市電車両と同様、各部に丸みを持たせた「札幌スタイル」と呼ばれる車体を載せている。製造に当たり、戦前製の単車150形から主要機器を流用した。
◎札幌市交通局（現・札幌市電）西四丁目線
札幌駅前〜道庁前
1963（昭和38）年3月2日

昭和時代の大手銀行であった三和銀行札幌支店ビルの側を通る200形。1957（昭和32）年に8両が導入された。道内4社の共同企業体である札幌綜合鉄工共同組合の製造。戦前製の単車であった150形、170形の主要機器を流用した。同車は道内企業製初のボギー台車を履く路面電車となり、以降に登場した近代型軌道用車両の祖となった。
◎札幌市交通局（現・札幌市電）西四丁目線
市役所前〜拓銀前
1963（昭和38）年3月2日

路面気動車のD1010形。非電化路線として建設された鉄北線の延伸区間の開業に向けて、東急車輌製造で1959（昭和34）年に3両が製造された。鉄北線の北27条〜麻生町間開業は1963（昭和38）年で、本来の使用目的であった路線が営業を開始するまで、同形式を含む路面気動車は既存の電化路線で駅業運用に就いた。
◎札幌市交通局（現・札幌市電）西四丁目線
道庁前
1963（昭和38）年3月2日

札幌駅前から続く通りの交差点を左折する210形。行先表示には山鼻16条と掲出されていた。同電停は行啓通から延伸された山鼻線の終点として「第一中学前」の名称で19127（大正14）年に開業。以降3度の改称を経て1959（昭和34）年に「山鼻16条」と改称した。さらに1965（昭和40）年に「静修学園前」と改められて現在に至る。◎札幌市交通局（現・札幌市電）西四丁目線　すすきの　1963（昭和38）年3月2日

国鉄札幌駅から南へ延びる駅前通り。銀行や大型商店が林立する市内屈指の繁華街だ。駅前から歓楽街すすきのまで、路上の中央部に西四丁目線が敷設されていた。札幌駅前〜三越前間は1971（昭和46）年に廃止されたが、西四丁目に繋がる三越前〜すすきの間は存続路線の一部となった。
◎札幌市交通局（現・札幌市電）西四丁目線　道庁前〜グランドホテル前　1963（昭和38）年3月2日

雑然とした雰囲気に包まれた札幌駅西側の通りを行く560形は北24条行き。国鉄線を越えて市内北部に延びる鉄北線まで足を延ばす。同路線は1927（昭和2）年12月28日に五丁目踏切〜北18条間が開業。1964（昭和39）年に新琴似駅前までの区間が全通した。しかし地下鉄南北線の部分開業に伴い1974（昭和49）年12月16日に札幌駅前〜北25条間が廃止され、1974（昭和49）年に残存区間も廃止された。◎札幌市交通局（現・札幌市電）鉄北線　1963（昭和38）年3月2日

地下鉄が開通するまでは市内に張り巡らされた路面電車路線で運行拠点の一つとなっていた札幌駅前。駅の南口に展示されているブロンズ像群は本郷新（しん）作の「牧歌」。製作者は札幌出身の彫刻家である。本作品は国鉄札幌駅が1960（昭和35）年に建て替えられたことを記念して設置された。当初は像の背後に屏風のような壁面があった。◎札幌市交通局（現・札幌市電）西四丁目線　札幌駅前　1963（昭和38）年3月2日

駅前通りで他車両に囲まれて電停に停まる550形。新製当時に流行した国鉄80系等の湘南形に似た正面2枚窓を備える1952（昭和27）年製。製造は汽車会社が担当し10両が導入された。新製当初は運転台の上部に方向幕を装備していたが、1960（昭和35）年により大型のものを正面中央の上部に乗せ換えた。
◎札幌市交通局（現・札幌市電）西四丁目線　札幌駅前　　1963（昭和38）年3月2日

大型百貨店が建つ西四丁目交差点を含む一条通を通り、札幌の市街地を東西に横断していた一条線。自動車で混雑する街中で、当路線で西側の終点となる丸山公園行きと区間運転の電車がすれ違った。〇の中に井の字を入れた行先表記は、通り沿いに建つ百貨店の「丸井今井」を意味する。電停等の名称表記にも同様の記載があった。◎札幌市交通局（現・札幌市電）一条線　丸井前～西四丁目　1963（昭和38）年3月2日

一条線の終点、一条橋を目指して一条通を走る600形。同車は半鋼製低床仕様のボギー車で1949（昭和24）年から約3年間にわたって20両が導入された。製造は日本車輌が担当。極寒冷地向けの車両として、車内に電気暖房装置を採用した。写真は正面まわりが原型の3枚窓からHゴム支持の1枚窓に更新された後の姿だ。
◎札幌市交通局（現・札幌市電）一条線　西四丁目〜丸井前　1963（昭和38）年3月2日

札幌駅前の情景。南口付近の駅前通り上に設置された電停には、豊潤な陽光が差し込んでくる。駅からの地下道を上がった道路の中程に市電が発着した。乗降場は上下線に各1か所のみが設置されていたが、低いホーム上には系統ごとに電車の位置を示す看板が立ち、乗客を分けて待機させる工夫が凝らされていた。
◎札幌市交通局（現・札幌市電）西四丁目線
札幌駅前
1963（昭和38）年3月2日

すすきのと定山渓鉄道の豊平駅前を結んでいた豊平線。軌道は歓楽街が続く月寒通を東へ進み、豊平川に架かる豊平橋を渡って川の東岸側となる市内豊平区まで延びていた。バスとすれ違うようにやって来た豊平駅前行きの電車は、市内の西側とを結ぶ3系統。1969（昭和44）年に定山渓鉄道が廃止された後は、終点を豊平八丁目と改称した。◎札幌市交通局（現・札幌市電）豊平線　四条東三丁目〜白石通　1963（昭和38）年3月2日

札幌市と室蘭市を苫小牧市経由で結ぶ国道36号は道央地方の縦貫道路だ。札幌市内の北1西3交差点を起点とする。一方の国道5号は国鉄函館本線と同様に日本海回りで函館～小樽～札幌を結ぶ。主要国道へ続く道路を跨いで、駅前通りを電車がゆっくりと走って行った。沿線の街路樹は葉を落とした休眠状態で春は未まだ遠い。
◎札幌市交通局（現・札幌市電）西四丁目線
グランドホテル前～市役所前
1963（昭和38）年3月2日

駅前通りを進む580形。市電路線網で西側の拠点として、起点終点とする電車が多く運転されていた西保健所前行きである。運転席下に掲げた表示は3系統。西保健所前～桑園学校通～札幌駅前～豊平駅前間を、西二十丁目線、北五条線、西四丁目線、豊平線経由で結んでいた。
◎札幌市交通局（現・札幌市電）西四丁目線　拓銀前～三越前　1963（昭和38）年3月2日

起点となるすすきの電停周辺から三方向。終点の札幌駅前電停付近から東西方向に路線が分かれていた西四丁目線は、複数の路線を経由する運転系統で運転する電車の多くにとって、ハブの役割を果たしていた。230形が掲出する行先表示は山鼻16条（現・静修学園前）。現役路線である山鼻線の途中駅だ。
◎札幌市交通局（現・札幌市電）西四丁目線　拓銀前〜三越前　1963（昭和38）年3月2日

定山渓鉄道

ラッセル車のキ1形が雪に埋もれて留置されていた。同時期に活躍した国鉄車のキ100よりも運転士乗務室部分がやや小振りである。雪を描き分ける前面の除雪装置や側面の羽根は各部にRを取られた個性的な意匠になっている。屋根部分には可動部用のコンプレッサー。車内のストーブから延びる煙突が見える。
◎定山渓鉄道　豊平
1963（昭和38）年3月2日

電化後も蒸気機関車が貨物列車を牽引していた定山渓鉄道で、動力近代化を図るべく投入されたED500形。全長13.8mのD形電気機関車である。1957（昭和32）年に2両が製造された。正面まわりは対称形の2枚窓に、前照灯が上部中央部に1灯載る仕様。小振りなスカートの下に排雪用のスノープラウを備える。車両番号はED500 1、ED500 2となった。
◎定山渓鉄道　豊平
1963（昭和38）年3月2日

昭和30年代に入り、定山渓鉄道沿線の豊平川上流にダムを建設する計画が持ち上がった。建設資材等の輸送を同鉄道が請け負う運びとなり、勾配区間で重量級の貨物列車を牽引できる電気機関車を新製することになった。新たに導入されたED500形は電装機器等を三菱電機、車体等の製造と組み立てを新三菱重工業が担当した。
◎定山渓鉄道　豊平
1963（昭和38）年3月2日

２等車クロ1110形を先頭にした５両編成の列車が積雪で銀世界となった街中を進む。戦後の混乱期を凌ぎ観光地、温泉保養地としての活気を取り戻していた定山渓に向けて、定山渓鉄道では国鉄の２等車に相当する設備を備えた車両を２両増備した。豊平〜定山渓間の急行で、乗車料金は普通車の約２倍となった。
◎定山渓鉄道　豊平　1963（昭和38）年３月２日

門型の架線柱が続く中をすり抜けるように走るモ200形を先頭にした列車。自社線内が直流電化されてから数年間をおいて増備された車両で1933（昭和８）年に１両のみが製造された。電化に際して先に導入されたモ100方と同様な形状、仕様を備え、車体寸法や重量、台車等に若干の差異があった。
◎定山渓鉄道　豊平　1963（昭和38）年３月２日

前面に３枚窓を斜めに配置したクハ600形。元は大正時代に創業し、千歳線等の元となる路線を開業した北海道鉄道が昭和10（1935）年に導入したガソリン動車550形である。同車は国鉄で廃車された後に定山渓鉄道へ譲渡された。客車として使用された後、1955（昭和30）年に車体の片側に運転台を設置して制御車となった。◎定山渓鉄道　豊平　1963（昭和38）年３月２日

電動車に後押しされて、クハ602が雪晴れの雪原を滑るように走って行った。側面から眺めると、電動設備等がない床下周りや台車はすっきりとした印象だ。それに対して狭窓が並ぶ車体には戦前の車両らしい重厚感な姿。また、スノープラウを装備していない正面の表情は、北の電車らしからぬ軽快感がある。◎定山渓鉄道　豊平　1963（昭和38）年３月２日

本社が置かれていた豊平駅。東札幌、国鉄札幌駅と共に列車運行の拠点であった。ホームに隣接する建物は、1929（昭和4）年の電化に合わせて建設された駅舎だ。同時に駅構内は国道38号の近くに移設された。その2年後には北海道鉄道の路線であった札幌線東札幌〜苗穂間を自社で電化し、電車の乗り入れを始めた。
◎定山渓鉄道　豊平　1963（昭和38）年3月2日

関連会社であった東京急行電鉄からの払下げ車モハ2200形。東急が第二次世界大戦下で被災した国鉄の17m級電車を譲渡され、復旧工事を施して再生した元デハ3600形である。1958（昭和33）年に3両を導入。譲渡を前にして両運転台化、運転台を右側への移設等の改造が施工された。
◎定山渓鉄道　豊平　1963（昭和38）年3月2日

大柄な水かき付きスポーク動輪で足回りを固めたC55形が客車を牽引してホームに入って来た。47号機は旭川機関区の所属。1950（昭和25）年に福島県の会津若松から渡道して以来、昭和40年代後期まで終始同区に在籍した。石狩川の渓谷が続く神居古潭沿いの区間で細身の姿を水面に映し、俊足を飛ばしている姿が目に浮かぶ。◎函館本線　札幌　1963（昭和38）年3月3日

朝のターミナル駅に並ぶ気動車列車。向かって左側のキハ22は函館本線、千歳線、室蘭本線を経由して日高本線の静内まで足を延ばす。右側の大柄な断面を持つ気動車はキハ45（後のキハ09）。オハフ62へ機関を搭載し片側に運転台を設置した客車改造気動車だ。同様の改造を受けた両運転台車両にキハ40（後のキハ08）があった。◎函館本線　札幌　1963（昭和38）年3月3日

千歳線

林野の中にたたずむ雪に覆われた駅を気動車で編成された「準急」が通過して行った。充当されていた車両はキハ26、56。1960（昭和35）年から製造が始まった時の新鋭車両だ。本来、急行列車用として製造された気動車は、ほどなくして北海道を含む全国に展開された優等列車網の一翼を担う存在となった。
◎千歳線　上野幌　1963（昭和38）年3月3日

いまだに人煙稀な丘陵地帯を抜ける区間があるものの、道央圏の短絡区間という存在に加え、札幌の近郊路線という性格を持ち合わせる千歳線では、国鉄が本格的な本線用気動車を導入して以来、旅客列車の気動車化が促進され、1955（昭和30）年に全ての列車が気動車になった。昭和30年代半ばになってキハ21等の近代型車両が導入された。◎千歳線　植苗　1963（昭和38）年3月3日

北海道における普通型気動車で、近代化の先駆けとなったキハ21。暖地仕様車両として先に登場したキハ20と同じ窓配置の車体を持ち、寒冷地で冬季の車内温度確保に有効な仕様であった客室扉周りのデッキ、仕切り板は設けられなかった。同車両の実績を考慮し、後に登場したキハ22、キハ40の室内は従来型の客車に寄せた仕様になった。◎千歳線　植苗〜沼ノ端　1963（昭和38）年3月3日

雪景色の喰丘陵地を行く普通列車。側窓にスタンディングウインドウ（バス窓）を備えたキハ21の2両に、郵便荷物普通合造車キハユニ25を連結した3両編成だ。キハ21は暖地向けのキハ20に耐寒装備を装備した車両。その仕様は後に量産されたキハ22の元となった。キハ20に見られた客室扉下部の明かり取り窓がない。
◎千歳線　植苗〜沼ノ端
1963（昭和38）年3月3日

原野に切り開かれた直線区間を疾走するキハ26・キハ56で編成された準急。大正末期に北海道鉄道（二代目）が開業し、第二次世界大戦中に国有化された同路線には、昭和30年代半ばに他路線へ直通する「ちとせ」「えりも」等の「準急」、急行「すずらん」が設定された。いずれの列車にも急行形気動車が充当された。
◎千歳線　上野幌　1963（昭和38）年3月3日

室蘭本線

大正から昭和初期にかけて幹線貨物輸送の主力を担ったD50。後継機D51と重連を組んで一般貨物列車を牽引する。38号機は9937として1924（大正13）年に落成。以来、生涯を北海道で過ごした道産子罐だった。昭和30年代には小樽築港、富良野、岩見沢の各機関区を渡り歩き、石炭輸送仕業華やかりし頃の追分機関区を終の棲家とした。◎室蘭本線　遠浅〜沼ノ端　1963（昭和38）年3月3日

D51が牽引する長大な石炭専用貨物列車。緩い上り勾配で足取りは思いのほか遅い。原野を吹きすさぶ寒風に煽られ、機関車の煙突から噴き上がった煙は盛大に横へ流れた。苫小牧と追分を結ぶ区間は室蘭本線や夕張線の沿線に点在した炭鉱から採掘される石炭を運搬する経路として重用され、大正時代に複線化された。
◎室蘭本線　遠浅〜沼ノ端
1963（昭和38）年3月3日

無蓋貨車に積み込まれた製材される前の原木が、北の大地の鉄道らしさを強調していた。岩見沢方面へ向かう室蘭本線の列車は、苫小牧の市街地を抜けるとウトナイ湖の南畔を通って、灌木が茂る勇払原野へ向かう。まっすぐに続く複線の傍らへ長く取られた鉄道用地に千歳線の下り線が増設されたのは1969（昭和44）年のことだった。◎室蘭本線　沼ノ端〜遠浅　1963（昭和38）年3月3日

傍らの側線に留置された石炭貨車の列を眺めて、C57は客車列車をけん引して駅を発車した。煙突には皿のような形状の回転式火の粉止めを載せていた。68号機は1942（昭和17）の製造。関東、北陸地方で使用された後、1962（昭和37）年に渡道して室蘭機関区に配属された。後に岩見沢第一機関区へ転属し1972（昭和47）年まで室蘭本線等で活躍した。◎室蘭本線　室蘭　1963（昭和38）年3月11日

夕張線

夕張線（後の石勝線夕張支線）の終点夕張駅構内より鹿ノ谷方向を望む。石炭の積み出し基地であった本駅の構内には多くの留置線があり、石炭車の他にも地域の一般貨物を積む二軸貨車が留め置かれていた。画面の中央に見える気動車はキハ16とキハ21。本来は暖地仕様の車両が、極寒の地で使用されていた。
◎夕張線　夕張　1963（昭和38）年3月4日

夕張線からの石炭列車が室蘭本線に入る追分駅。石炭車の前に木材を載せた無蓋車を連結した貨物列車が、D51に牽引されて入線して来た。機関車の運転台では機関助士が通票キャリアを携えて、若干身を乗り出している。またホームの外れでは駅員が片方の腕を伸ばし、キャリアを受け取る体制を取っていた。
◎夕張線　追分　1963（昭和38）年3月3日

三菱石炭鉱業大夕張鉄道線

駅舎に隣接する1番のりばから、炭山へ向かう旅客列車が発着していた。ホームでは二重屋根の客車が停車中。縦板が貼られた木造の車体。床下で車体を支えるトラス棒は鉄道黎明期の車両を髣髴とさせる。車掌室、荷物室が設置された後端部付近に見えるストーブ用の煙突は、極寒地の車両らしい設えである。
◎三菱石炭鉱業大夕張鉄道線
清水沢
1963（昭和38）年3月3日

木材を積んだ貨車の後ろに客車を連結した混合列車が旧曲線の奥から姿を現した。牽引機は自社所属の3号機。国鉄との連絡駅にほど近い平坦区間で、機関車はほぼ絶気で目の前を通り過ぎた。写真の向かって左側には鉄道の沿線で水を湛えるシューパロ湖を経て、鉄道と共に追分方面へ続く夕張川が流れる。
◎三菱石炭鉱業大夕張鉄道線　清水沢　1963（昭和38）年3月3日

夕張線（後の石勝線夕張支線）の途中にあって、三菱業石炭鉱大夕張鉄道線が乗り入れていた清水沢駅。大夕張鉄道からやって来た石炭列車が当駅で長編成に仕立てられ、追分方面へ発車していた。構内の向かって左手には貨物側線や貯木場が見え、駅が地域の農林産物を運び出す拠点として機能していた様子を窺わせる。
◎夕張線　清水沢　1963（昭和38）年3月3日

北海道炭礦汽船真谷地炭鉱専用鉄道

真谷地炭鉱専用鉄道の沼ノ沢ホーム。国鉄夕張線（後の石勝線）沼ノ沢で駅舎と国鉄構内を跨いで反対側に設置されていた。駅舎側とは上部トラス構造で屋根のない跨線橋により連絡していた。ホームに上屋はなく、未舗装で駅名票と小さな長椅子が設置されているばかりの簡易な設えだった。
◎北海道炭礦汽船真谷地炭鉱専用鉄道　沼ノ沢
1963（昭和38）年3月3日

短い客車列車の先頭に立つ5051号機は元国鉄8100形。同形式はアメリカ　ボールドウィン社製で、日本の国有鉄道が鉄道作業局であった時代の1897（明治30）年に20両が輸入された。東海道本線箱根越えの旧線区間（現・御殿場線）や信越本線で使用された後に全車が北海道へ異動。第二次世界大戦後に多くが道内の専用鉄道等へ移譲された。
◎北海道炭礦汽船真谷地炭鉱専用鉄道　沼ノ沢
1963（昭和38）年3月3日

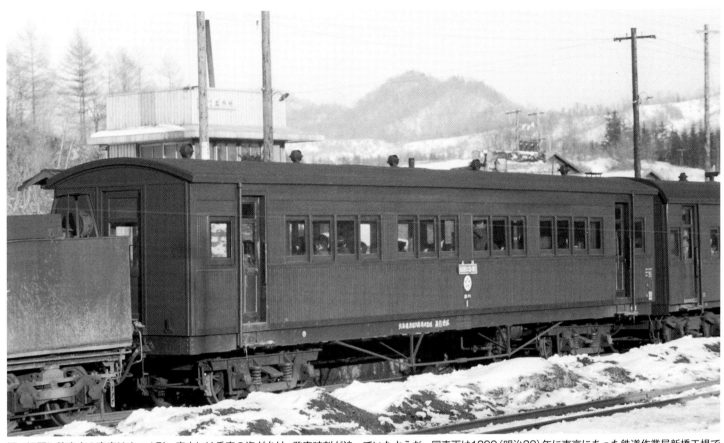

沼ノ沢駅に停車中の客車はホハ1形。車内には乗客の姿があり、発車時刻が迫っていたようだ。同車両は1899（明治32）年に東京にあった鉄道作業局新橋工場で製造された元の形式番号はホハ2210。木製車体を持ち、床下部に車体を支持するトラス棒を備えていた。1952（昭和27）年に当鉄道へ譲渡された。
◎北海道炭礦汽船真谷地炭鉱専用鉄道　沼ノ沢　1963（昭和38）年3月3日

美しい駅名だった紅葉山（後の新夕張）方面から下り列車がやって来た。普通列車はキハ22の3両編成。昭和30年代に入ってから量産が進められていたキハ20系列の極寒地仕様車である。小振りな客室窓は二重窓構造。客室との間に仕切りを設けたデッキを両端部に備えていた。車内の床面は水濡れした際の滑り難さ等に配慮して木製となった。◎夕張線（後の石勝線夕張支線）　沼ノ沢　1963（昭和38）年3月3日

機回し線を渡って折り返し列車の前に出ようとしている5051号機。寒気の中に白煙が立ち上った。細身のボイラーが運転台に隠れて見えず華奢な印象を受けるが、同機が明治時代に輸入された折には客貨両様の強力機だった。運転台と炭水車の間に天幕が張られ、効果は僅かながらも寒さを凌ぐ工夫が凝らされていた。
◎北海道炭礦汽船真谷地炭鉱専用鉄道　沼ノ沢　1963（昭和38）年3月3日

コハフ1の車内。車内の中程と車掌室側にストーブを備えていた。木造車だが冬季には最高のサービスとなる暖房は重要視されていた様で、新しい印象を受ける風合いのストーブが設置されていた。座席はつくり付けの木製長椅子が窓の下に続く。窓から差し込む日差しがガランとした車内に温もりを連れてきた。
◎北海道炭礦汽船真谷地炭鉱専用鉄道　真谷地　1963（昭和38）年3月3日

炭鉱と隣接する専用鉄道に終点真谷地。雪で覆われた側線に木造の貨物緩急合造車が留め置かれていた。形式はハニ1。側面には「真谷地駅」と記載されているので常駐車両の扱いなのだろう。本線の列車としては出番が少ない様子で窓ガラスの一部は割れ、外板に所々痛みが目立つ状態だった。
◎北海道炭礦汽船真谷地炭鉱専用鉄道
真谷地
1963（昭和38）年3月3日

真谷地へ向かう列車が蒸気を燻らせつつ、短いホームにたたずんでいた。昭和初期の一時期には休止していたものの、添乗というかたちで大正時代に運転を始め
た専用鉄道の旅客列車は、1966（昭和41）年9月3日をもって運行を終了した。旅客扱いの廃止に伴い、真栄町（6区）と清真台（5区）の途中駅2つも廃止された。
◎北海道炭礦汽船真谷地炭鉱専用鉄道　沼ノ沢　1963（昭和38）年3月3日

夕張鉄道

夕張本町駅構内のキハ252。夕張鉄道では合理化を推進する上で1952（昭和27）年より鉄道線へ気動車を圧導入した。国鉄キハ07形に似た機械式気動車のキハ200を投入した翌年に液体式変速機を備え、同系車両を複数連結した総括制御運転ができるキハ251形が加わった。キハ252はキハ251形の増備車キハ252形として1955（昭和30）年に登場した。◎夕張鉄道夕張鉄道線　夕張本町　1963（昭和38）年3月4日

昭和40年代始めまでは石炭輸送で賑わった鹿ノ谷駅。国鉄夕張線（後のJR北海道石勝線夕張支線）との連絡駅であっため、常時石炭車が列をなして留置されていた訳ではなく、組成された列車が国鉄線へ向けて発車した直後等は静かな佇まいだった。数両の2軸貨車が留置されている構内越しに夕張線の列車が見えた。
◎夕張鉄道夕張線　鹿ノ谷　1963（昭和38）年3月4日

炭住街を行くキハ22、2連の普通列車。写真の手前に建つ煙突が並ぶ建物は、炭鉱従事者が生活した長屋。山の斜面に建つ一戸建て住宅には、会社の幹部等が住んだといわれる。石炭産業がまだ隆盛だった昭和30年代。貨物列車の合間を縫うかのようにして定時にやって来る旅客列車は、沿線住民とって時計のような存在だった。◎夕張線（後の石勝線夕張支線）1963（昭和38）年3月4日

客車群に混じって留置されているラッセル車はキ1。無蓋車にラッセルヘッドと運転台を載せた小柄で簡易な姿である。後部に見える2本のタンクには側面の羽根等、可動部を動かす装置へ送る空気が入っている。夕張地方は谷間の極寒冷地だが、訪れた年はラッセル車が頻繁に動くまでの雪量ではなかったようで、長らく留置されていると思しき除雪車の上には雪が積もっていた。◎夕張鉄道夕張鉄道線　鹿ノ谷　1963(昭和38)年3月4日

車庫の前に並ぶ二重屋根の客車。二色塗りの車体を載せた車両はナハニフ151。1937(昭和12)年と1940(昭和15)年に2両ずつが新製車両ナハ150形として導入された。ナハ151は昭和30年代に車内の一部を荷物室に改装した上で車掌室を増設して合造車ナハニフ151となった。同時に上部をクリーム色、窓下部を茶色とした意匠に塗装変更された。◎夕張鉄道夕張鉄道線　鹿ノ谷　1963(昭和38)年3月4日

車両基地が置かれていた鹿ノ谷の車庫で憩う2両の気動車。向かって右手のキハ202は、夕張鉄道が気動車の本格導入を図る中で製造された機械式気動車のキハ200形。半円形の前面形状等は国鉄キハ07形と似た姿だが、前面窓の数や屋上に取り付けられたベンチレーターの形状配列。埋め込み式の前照灯等、国鉄型とは細かな差異があった。◎夕張鉄道夕張鉄道線　鹿ノ谷　1963（昭和38）年3月4日

夕張鉄道のラッセル車キ1。ラッセルヘッド等の除雪機器周りは国鉄キ100形に似た厳めしい姿である。しかし、国鉄車両では機械の操縦室となっていた後ろの有蓋部分は省略され、空制機器が床部分に取り付けられた構造となっていた。雪に立ち向かう除雪車において重要とされる自重は、キ100形の3分の2ほどとなる19.5tと車体に表記されていた。◎夕張鉄道夕張鉄道線　鹿ノ谷　1963（昭和38）年3月4日

美流渡炭鉱株式会社美流渡鉱業所

国鉄万字線との接続駅だった美流渡（みると）構内に停車する2719号機。明治時代に本線用の機関車とし活躍したＢ６形系列の内に含まれる一形式だ。本機はアメリカ　ボールドウィン社製の2500形2575号機を1913（大正２）年に軸配列Ｃ２のタンク機に改造したもの。改造による形式変更で2700形となった。
◎美流渡炭鉱株式会社美流渡鉱業所　美流渡（みると）1963（昭和38）年３月４日

明治時代の輸入機関車を原形とする2719号機。横から眺めると運転台下の従輪をボギー台車に履き替えている様子が良く分かる。また、炭庫の壁面は嵩高に改装されているようだ。一際目を引く装備となっている前端部に装着した可動式の排障装置は、末期には取り外されていたようだ。
◎美流渡炭鉱株式会社美流渡鉱業所　美流渡 1963（昭和38）年3月4日

鉱山から採掘される石炭を輸送する目的で建設された専用鉄道だったが、炭鉱関係者や家族に配慮して旅客列車を運転していた。明治時代に製造された二軸客車を改装したようないで立ちの小型車両をB6が牽引した。炭山へ向かう列車は逆機運転。炭庫の上隅には前方確認用の窓が開けられていた。
◎美流渡炭鉱株式会社美流渡鉱業所
美流渡
1963（昭和38）年3月4日

国鉄万字線では美流渡に集められる
美流渡炭山から採掘される石炭を積
んだ貨物列車の他、さらに幌内川上
流の万字鉱山産の石炭も輸送してい
た。貨物列車の牽引にはＤ51が当
たった。専用線用の2719に比べる
と、国鉄本線用貨物機の大きさが際
立つ。撮影時のＤ51 126号機は後
に見られた北海道の蒸気機関車のよ
うに除煙板の前部が切り詰められて
いなかった。
◎美流渡炭鉱株式会社美流渡鉱業所
美流渡
1963（昭和38）年３月４日

万字線

万字線で運転されていた旅客列車は1日6往復の運転。全ての列車は終点万字鉱山まで運転され、起点の志文より国鉄室蘭本線で一駅先の岩見沢駅を始発終点としていた。全て客車で運行され、短編成の列車をC11が牽引した。211号機の前端部には入れ替え運用等があったためか、黒と黄色の警戒塗装が施されていた。

◎万字線　美流渡　1963（昭和38）年3月4日

幌内線

二つの鉱山から石炭の積み出し線が集まっていた国鉄幌内線の終点幾春別。長大編成に組成された石炭列車を蒸気機関車が牽引した。大正時代から昭和初期にかけて製造された大型貨物機D50は、昭和40年代初期まで岩見沢機関区に配置され、函館本線や室蘭本線等の幹線はもとより、重量級の石炭列車を抱かえる運短路線にも入線した。◎幌内線　幾春別　1963（昭和38）年3月4日

小雪が舞うホームで幾春別方面へ向かう客車列車が発車時刻を待っていた。牽引機は9600。幌内線はここ三笠駅で、線名の由来となった幌内へ向かう路線と幾春別へ延びる路線が分かれる。路線名はどちらも幌内線だ。起点岩見沢から幌内までの区間は1882（明治15）年。三笠（当時・幌内太）〜幾春別間は1888（明治21）年に開業した。◎幌内線　三笠　1963（昭和38）年3月4日

根室本線

薄っすらと降り積もった雪に日差しが注ぎ、穏やかなたたずまいを見せる駅に急行列車が入線してきた。ホームでは女性が一人、列車を出迎えていた。急行「摩周」は釧路〜函館間を結ぶ北海道横断列車。早朝の釧路を出た上り列車は根室、函館本線経由で札幌に到着。そこから千歳線、室蘭本線、函館本線を通って函館を目指していた。◎根室本線　浦幌　1963（昭和38）年3月5日

釧路臨港鉄道

正面から眺めた5号機は細身の面立ち。古典蒸機の風合いがある側面に対して、端部を丸めていないボイラーや実用本位の設えに見える前端部には、産業用機関車を思わせる武骨さが漂う。煙突は緩いテーパーが付いた仕様。その先端には火の粉止めが装着されていた。石炭の運搬を行う路線の機関車としては必須の装備だったのだろう。
◎釧路臨港鉄道　春採（はるとり）　1963（昭和38）年3月5日

蒸気機関車が貨物列車を牽引し時代の釧路臨港鉄道で主力機だった5形。7号機は1937（昭和12）年製である。日本が戦時下に入りつつある中で石炭の需要が高まり、道東の専用鉄道でも機関車の増備が行われた。釧路は雪こそ少ないものの冬は日中でも氷点下となる寒冷地域だ。庫内を保温するため、車庫の出入口にはカーテンが張られていた。
◎釧路臨港鉄道　春採　1963（昭和38）年3月5日

選炭場がある春採駅と釧路港の貯炭場に隣接する知人（しれと）駅の間で石炭輸送を行っていた釧路臨港鉄道。自社線内で運用する石炭車を多数保有していた。セキ1形はボギー台車を備える石炭用のホッパ車。荷重30t、自重は14.32 t で同時期に道内で運用されていた国鉄型車両と比べて遜色ない大きさだった。
◎釧路臨港鉄道　春採　1963（昭和38）年3月5日

単行で運転するキハ1001。元北海道鉄道（前・金山鉄道）のガソリン動車キハ550形である。同車両は1935（昭和10）年より導入され、北海道鉄道が国有化された後も第二次世界大戦後まで国鉄（現・JR北海道）に在籍した。後に機関等を乗せ換えて気動車化され、釧路臨港鉄道へ譲渡されて旅客輸送の主力となった。
◎釧路臨港鉄道　春採
1963（昭和38）年3月5日

車両基地の傍らに事業用車両が留め置かれていた。写真手前のラッセル車は上回りを取り外されたような形状。側面に社紋があり臨港鉄道の所属であることが分かる。積雪時には機関車等に押されて稼働していたのだろうか。後ろの貨車には保線用のバラストが積まれている。側板は外側に開き、石を散布しやすいホッパ車様の構造になっている。◎釧路臨港鉄道　春採　1963（昭和38）年3月5日

石炭の運搬が主な事業だった釧路臨港鉄道だったが、農産物等の一般貨物を運んでいた時期があった。そのため石炭列車以外の貨物列車で運用する二軸の有蓋、無蓋貨車を所有していた。ワフ2は木造の貨物緩急合造車。自重5.2tの小型車両だ。緩い傾斜の三角形を描く屋根部の形状が個性的である。
◎釧路臨港鉄道　春採　1963（昭和38）年3月5日

背の高い給水塔が建つ車両基地に憩う5形機関車。釧路臨海鉄道では昭和初期になって国産の蒸気機関車を導入した。5号機は1929（昭和4）年に日本車輌製造で製造された。運転台まわりや水庫、炭庫の輪郭部に曲線が多用され、円形の窓が目立つ意匠は古典的である。製造時は不況下にあった日本製であるにも関わらず優雅さを感じさせる。◎釧路臨港鉄道　春採　1963（昭和38）年3月5日

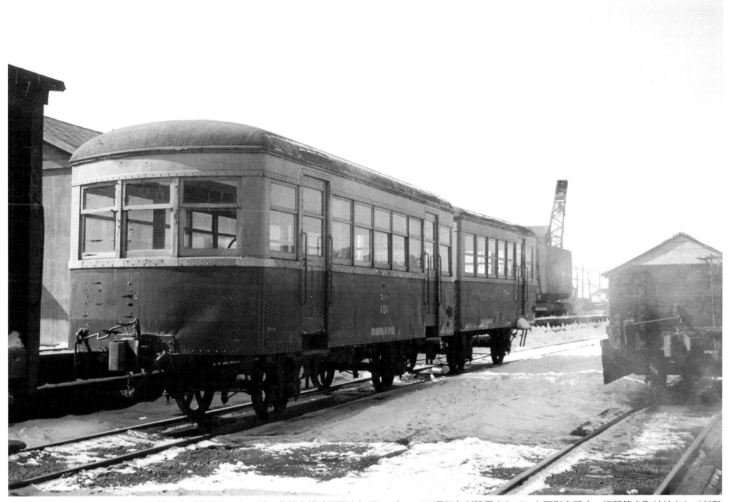

元はガソリン動車のコハ101。2軸の小型車両だった。緩い曲線を描く正面まわりに、かつては運転台が設置されていた面影を残す。機関等を取り外されて付随車となった後は、キハ1001等に牽引されて旅客運用に就いた。連結器の周辺や車体の側面には凹みがあり、少ない旅客運用の中でも酷使されている様子を窺い知ることができた。◎釧路臨港鉄道　春採　1963（昭和38）年3月5日

臨港鉄道に2両いたB6の10・11号機は英国ノースブリティッシュ社製。リベットが並ぶ車体に製造銘板がねじ止めされていた。工場の所在地であったグラスコーの記載がある。両機は1951（昭和26）年に国鉄から払い下げを受け、開業時より在籍していた1形を置き換えた。
◎1963（昭和38）年3月5日

雄別鉄道

釧路と隣町の阿寒町（現・釧路市阿寒町）の阿寒川沿岸にあった雄別炭山を結んでいた雄別鉄道。本線運用に大正時代に製造された8700形が充当されていた。本形式は明治時代にイギリス　ノース・ブリティッシュ・ロコモーティブ社で製造された2両を元とする。日本で同仕様の機関車が汽車製造（現・川崎車両）で18両製造された。
◎雄別鉄道　釧路
1963（昭和38）年3月5日

釧路駅は道東の太平洋側における鉄道の一大拠点だ。機関区、客車区等の車両基地が隣接し、機関車が列車の組成、車両の入れ替えにと頻繁に構内を動いていた。写真奥に見える客車区から、C58が荷物車1両を牽引して来た。62号機は極寒の地で働く機関車らしく、除煙板の上部に凍結対策として「ツララ切り」を装着していた。
◎根室本線　釧路
1963（昭和38）年3月5日

釧路駅構内の外れには貯炭場が設置されていた。線路が敷かれた高架橋上に留め置かれた貨車は、側扉を開け、積み込んだ石炭を下方へ排出した。貨車は2軸車とボギー車が新旧入り混じっている様子だ。いずれの車両も扉の開閉操作等は1両ごとに行う手間の掛かる作業だった。貨車の周りにはヘルメットを被った作業員の姿が複数見られる。◎雄別鉄道　釧路　1963（昭和38）年3月5日

雄別鉄道に導入された8700形は8721と8722の
2両。8700は函館本線滝川で入れ替え機として
使用していた車両で1952（昭和27）年に雄別鉄道
へ譲渡された。8722は8721と同時期に国鉄（現・
JR北海道）根室本線新得と士幌線上士幌を結んで
いた北海道拓殖鉄道へ譲渡された後、1958（昭和
33）年に雄別鉄道へ譲渡された。いずれの車両も
雄別鉄道で除煙板設置等の改造を受けた。
◎雄別鉄道　釧路
1963（昭和38）年3月5日

釧網本線

周囲に霧が立ち込めた幻想的な情景が歌謡曲と
なった摩周湖。弟子屈（現・摩周）駅は穏やかな水
面が広がるカイムヌプリ（摩周岳）南山麓の街中に
ある。同駅は元号が昭和になってから、釧路方より
建設が進められた釧網線（現・釧網本線の一部）の
標茶駅〜当駅間延伸に伴い、1929（昭和4）年8月
15日に開業した。1990（平成2）年に摩周駅と改
称した。
◎釧網本線　弟子屈
1963（昭和38）年3月6日

閑散路線に向けて製造されたレールバス、キハ10000形のうち、寒冷地対策を施した10004～10011番車の8両は1955（昭和30）年に登場した。屋上にの式通風器は同形の先行車が6つであったの対して4つとなり、床下に機関覆いが追加された。1957（昭和32）年に実施された気動車の称号改正でキハ01形となり、キハ01 51釧網～58となった。
◎釧網本線　止別～浜小清水
1963（昭和38）年3月6日

キハ22の単行で運転する準急「わこと」。1962（昭和37）年より釧路～網走間に2往復が運転されていた。1966（昭和41）年3月5日に実施された準急制度改変に伴い、同区間に設定されていた準急「しれとこ」と共に急行へ昇格した。同年3月25日のダイヤ改正で列車名は「しれとこ」に統一された。
◎釧網本線　止別～浜小清水
1963（昭和38）年3月6日

湧網線

道東オホーツク海側の拠点駅、網走に湧網線へ向かう列車が入って来た。車両は小型のキハ04形１両。雪が積もった露天のホームでは20人ばかりの乗客が列車の到着を待っていた。湧網線は名寄本線と連絡するオホーツク海沿岸の駅であった中湧別からサロマ湖の南岸部を通り、網走までを結ぶ路線だった。
◎湧網線　網走　1963（昭和38）年３月６日

本来はその簡易な構造から暖地向けの車両とされていたキハ41000形だったが、原形車が搭載していたガソリンエンジンをディーゼルエンジンに乗せ換える等の改造で気動車化が進むと、北海道内で使用されるようになった。耐寒装備として車両前後端部の台車前にはスノープラウを装着している。1957（昭和32）に実施された気動車の称号改正で形式はキハ04形となった。◎湧網線　網走　1963（昭和38）年3月6日

天北線

明かりが灯る暮れ始めた構内にキハ21とキハ22が切り離された状態で1両ずつ停車していた。鬼志別は稚内を出た天北線の列車が人煙稀な宗谷丘陵へ分け入り、旧国鉄在来線で長らく最長駅間距離を誇った曲渕〜小石間等を通ってオホーツク海側へ出た最初の駅だ。大正時代に宗谷本線の終点として開業し、1930（昭和5）年に開業した音威子府〜稚内間の新路線が宗谷本線になると同時に天北線の駅となった。◎天北線　鬼志別　1963（昭和38）年3月7日

宗谷本線

線路の周辺に凍てついた雪が残る日本最北端の駅に2両編成の気動車列車が入って来た。キハユニ25は郵便荷物室を備える合造車。客室の二重窓が極寒冷地仕様の車両であることを窺わせる。写真の7号車のみ同一形式の中でキハ22と同様のデッキ、客室との仕切りを備える。運転台がある前端部床下にはスノープラウを備えていた。◎宗谷本線　稚内　1963（昭和38）年3月7日

稚内駅の北側沿岸部には樺太の大泊を結ぶ稚泊連絡船の桟橋があった。連絡船は第二次世界大戦後に樺太からの引揚者輸送を以て廃止されたが、駅から桟橋付近までの線路は残され、港から搬出入される貨物の取り扱い場となっていた。停車する機関車、貨車の向こうに北防波堤ドームの屋根部分が僅かに見えていた。
◎宗谷本線　稚内　1963（昭和38）年3月7日

二代目稚内駅舎。切妻屋根平屋の建物で出入口付近は扉こそ重厚な木製の引き戸が取り付けられているものの、雪国でよく見られる密閉型ではない。出入口に被さる上屋に掲げられた駅名の「驛」は旧書体。「国鉄の最北駅」として緯度経度を記した掲示板が僅かに観光地の雰囲気を感じさせる。その下にある伝言板は当時、主要駅には必須のものだった。
◎宗谷本線　稚内
1963（昭和38）年3月7日

側線で次の仕業をまで待機するキハ03。閑散路線の合理化と増発を狙って登場したレールバスキハ01形の寒冷地仕様車だった。1956（昭和31）年にキハ10200形として東急車輌製造（現　総合車両製作所）で20両が製造された。同車両は1957（昭和32）年の気動車称号改正でキハ03となった。側窓の二重窓化やスノープラウ、機関まわりの覆い等が耐寒装備だ。
◎宗谷本線　幌延
1963（昭和38）年3月7日

雪解けが進む晴天下の構内にたたずむラッセル車キ100と水運車ミム100。水運車は良質なものを要する機関車に供給する水を運ぶ貨車であった。多くの形式が蒸気機関車の淘汰が進んだ昭和30年代から40年代にかけてその使命を終えたが、画像のミム100は105両が製造され、国鉄末期となる1986（昭和61）年まで車籍を有した車両があった。
◎宗谷本線　幌延
1963（昭和38）年3月7日

最北の本線、宗谷本線では大正生まれの蒸気機関車9600が、無煙化が進んだ昭和40年代末期まで貨物仕業に活躍した。49644号機は名寄機関区の配置。第二次世界大戦前に野付牛（現・北見）機関区から転属して以来、1975（昭和50）年に廃車されるまで生涯を同区で過ごした。名寄区に在籍した最後の蒸機機関車のうちの1両となった。◎宗谷本線　幌延　1963（昭和38）年3月7日

羽幌線

冬の日本海側には珍しく、青空が広がった羽幌線の旅。雪原に車影が長く伸びる。キハ17の普通列車に乗車すると、途中駅で対向側から単行のキハ22がやって来た。思わず窓を開けて当時の新鋭気動車を追った。気が付くと向かい側の窓から子どもが顔を出していた。僅かに写り込んだおかっぱ頭は昭和時代の子どもを象徴する髪型だった。◎羽幌線　更岸　1963（昭和38）年3月7日

羽幌炭礦鉄道

雪原を横切る羽幌炭礦鉄道線上の石炭列車。2軸の無蓋貨車に石炭を積載していた。同鉄道は築別駅の南側で国鉄羽幌線と分かれ、築別川沿いの谷間を東進して16.6km先の築別炭鉱まで延びていた。羽幌炭鉱には羽幌本坑、上羽幌坑、築別坑があり、いずれも良質な石炭を産出することで需要が高かった。
◎羽幌炭礦鉄道　築別
1963（昭和38）年3月7日

羽幌炭礦鉄道が分岐していた築別から羽幌まで、炭礦鉄道の列車が羽幌線に乗り入れていた。乗り入れ運行は1958（昭和33）年12月1日より開始された。1960（昭和35）年から国鉄キハ22と同一仕様の気動車キハ22形が導入された。同車両は国鉄線へ入線するためにATS-S形（自動列車停止装置）を新製時から装備していた。
◎羽幌線　築別　1963（昭和38）年3月7日

2軸客車ハフ2。元国鉄2788形でイギリスのメトロポリタン工場で明治時代に製造、輸入された。元は日本鉄道の車両で当初の形式はハニ95であった。幌炭礦鉄道へ譲渡後、両端部にデッキを設置し、車内はロングシート化された。同鉄道にはハフ2と同時期に製造された元日本鉄道ハニ91、国鉄ハフ2835のハフ1も在籍した。◎羽幌炭礦鉄道　築別　1963（昭和38）年3月7日

転車台に乗って方向転換するD61。線路の規格がやや低い留萌本線、羽幌線に牽引定数が大きい大型機を入線させるため、D51の従台車を2軸化して軸重軽減を図った機関車だ。主に羽幌炭礦鉄道で築別まで搬出される石炭輸送の任に当たった。6両全車が留萌機関区に所属し、末期には留萌本線でD51と共通運用された。
◎羽幌線　築別
1963（昭和38）年3月7日

D61の１号機は1960（昭和35）年の製造。国鉄浜松工場でD51 640号機を改造した機関車だ。落成後は中津川機関区に配属され、中央本線等で各種試験を実施した後に留萌機関区へ配属された。前照灯には寒冷地対策としてツララ切りを装着していた。D61形は改造機を含む国鉄型蒸気機関車で最後の形式となった。
◎羽幌線　築別　1963（昭和38）年３月７日

給炭台には「運転事故防止月間」と記載された札が掛かっていた。給水塔と石炭台の間に敷かれた整備線で薄っすらと煙を燻らす3号機。元国鉄の9600形9617号機である。第二次世界大戦下から道内で入れ替え機として使用されていた。1959（昭和24）年に廃車後、天塩炭鉱鉄道へ譲渡されて同鉄道の終焉まで石炭列車の牽引を担った。◎天塩炭礦鉄道　1963（昭和38）年3月8日

天塩炭礦鉄道

58629号機が旅客ホームに停車していた。同機は大正時代製の旅客用機関車8620で昭和初期に北海道へ渡り深川、旭川、北見等の機関区、駐泊所を渡り歩き1959（昭和34）年に廃車された。国鉄から除籍されて程なく、羽幌炭礦鉄道へ譲渡された。同鉄道では8100形に換わって主力機となり、鉱山の閉鎖、鉄道の廃止が実施された1970（昭和45）年まで使用された。
◎羽幌炭礦鉄道　築別
1963（昭和38）年3月7日

石炭車が列をなして並ぶ構内の外れに留め置かれたキ1。木造の除雪用貨車は元国鉄キ1形のうちの1両。同鉄道が天塩鉄道を名乗っていた1941（昭和16）年に鉄道省より譲渡された。同車両は1911（明治44）年にアメリカ　ラッセル・アンド・スノウプラウ社で製造された。1両が輸入された後に同じ仕様の国産機が当時の鉄道院（後の鉄道省）各工場で製造された。◎天塩炭礦鉄道　留萌　1963（昭和38）年3月8日

北海道炭礦汽船天塩炭礦から採掘される石炭を港がある留萌まで搬出する目的で建設された天塩炭礦鉄道。留萌から小平蘂川（おびらしべがわ）の谷間を東へ進む路線は、1941（昭和16）年に達布までの25.4km区間が開業した。合理的とされた列車運用の客貨分離は路線の終焉時まで進められなかった。石炭列車の後ろに客車を連結した長大な混合列車を蒸気機関車が牽引していた。◎天塩炭礦鉄道　留萌　1963（昭和38）年3月8日

国鉄C58の同形機として新製された2号機。路線の開業に先駆け1941（昭和16）年に数々の蒸気機関車を手掛けた汽車製造が製造した。外観上、国鉄機との大きな違いは煙突前に給水温め機を装備していないこと。当初より車体長、幅等が国の定める地方鉄道車両規定を超過していたため、運用に当たり特別許可を得た。
◎天塩炭礦鉄道　留萌　1963（昭和38）年3月8日

客車列車には2軸、ボギー台車を履く木造車両が用いられてきた。ハナフ104は1957（昭和32）年に国鉄から譲渡された車両。新製時の形式はナハフ14100形。1911（明治44）年に大宮工場で製造された。撮影時には車体の中央部に社紋、車両番号が記されていなかった。乗車定員は夏と冬で異なる二重記載になっていた。
◎天塩炭礦鉄道　留萌　1963（昭和38）年3月8日

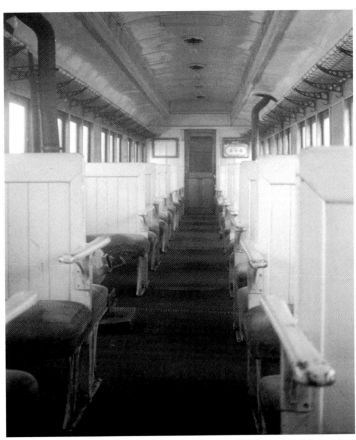

木造客車ナハフ103の車内。客席椅子の背もたれは木製。布等は貼られておらず、縦板がむき出しの状態だ。天井は二重屋根部分が嵩高くなり、側面には明かり取り用の窓が並ぶ。車体と同様、椅子、手摺りの台座等を除き木が多用されている。石炭ストーブが2か所に設置され、煙突が天井部を通って車外まで延びていた。◎天塩炭礦鉄道　留萌　1963（昭和38）年3月8日

石炭産業が隆盛だった昭和30年代。沿線にいくつもの炭鉱鉄道が存在した留萌本線の旅客列車は、昨今の地方路線に比べて隔世の間を感じさせるほど乗客で賑わっていた。普通列車運用に就く客車はオハ62。窓まわりは二重窓で巻き上げ式のカーテンを備える北海道仕様車だ。この車両では2列目のボックス席に石炭焚きの達磨ストーブが設置されていた。
◎留萌本線　恵比島　1963（昭和38）年3月8日

留萌本線

9600形が牽引する列車を急行「はぼろ」が追い抜いて行った。同列車は札幌〜留萌〜幌延間を函館本線、留萌本線、羽幌線経由で運転していた。同列車が運転開始した1962（昭和37）年には極寒冷地向けの急行形気動車としてキハ26・キハ56・キロ26が既に登場していたが、増発される列車に対して車両が不足がちであり、一般形気動車のキハ22が急行列車に充当されていた。
◎留萌本線　峠下
1963（昭和38）年3月8日

留萌鉄道炭礦線

国鉄留萌本線の恵比島駅から分岐し、雨竜郡沼田町内の昭和駅まで17.6㎞区間を結んでいた留萌鉄道炭礦線。キハ1001は2両製造されたキハ1000形のうちの1両。国鉄留萌本線への乗り入れを機に導入された。運転台まわりに国鉄80系湘南電車等に似た2枚窓を備える。1955（昭和30）年に日立製作所で製造された。
◎留萌鉄道炭礦線　恵比島　1963（昭和38）年3月8日

ホームの外れにレールバスキハ03が停まっていた。車内から小荷物が搬出されている模様で、旅客列車としてではなく荷物車として貨物列車に連結されて来たようだ。貨車には沿線の炭鉱から採掘されたと思しき石炭を満載した石炭車が見える。隣の線路には木材を積んだ無蓋貨車が留め置かれ、鉄道貨物輸送華やかりし時代の北海道を象徴するかのような光景があった。
◎留萌本線　深川
1963（昭和38）年3月8日

沿線の炭鉱から採掘される石炭の搬出を目的として建設された留萌鉄道炭礦線。その一方で旅客営業も行っていた。昭和30年代に入って列車の客貨分離が進み、気動車の本格導入で機関車が牽引していた客車は用途を失った。構内に留置されていた客車は屋根に雪が積もり、しばらく使用されていない様子。所々開けられた窓が痛々しい。◎留萌鉄道炭礦線　恵比島　1963（昭和38）年3月8日

建築工事区に所属し、沿線の保線工事等に出向く工事列車に連結されていた工作車サ230。同車両は客車の工作車ヤ500を改番して貨車となった。車両の一端に緩急車のような窓を設え、連結面にガラス窓が入った引き戸がある。形式の頭文字サは工作（コウサク）のサに由来する。客車時代の頭文字ヤは事業、試験用を意味し、役所（ヤクショ）のヤを付けている。◎函館本線　旭川　1963（昭和38）年3月8日

広大な北海道に延びる鉄道幹線である函館、石北、宗谷本線の列車が邂逅する旭川駅。隣接して設置された旭川機関区（現・旭川運転所）には車両の留置、整備修繕等に対応する扇形庫があった。留置線を24備える庫は転車台を取り巻き、昭和40年代の半ばまでは蒸気機関車の煙と石炭の香りが絶えない独特の雰囲気を醸し出していた。
◎函館本線　旭川　1963（昭和38）年3月8日

機関区で機関士、機関助士さんを記念撮影。当時、遠来の鉄道愛好家はまだ珍しく、現場で暖かく迎えていただけることが多かった。背景を務める機関車は直径1750mmの水かき付きスポーク動輪を履くC55。旭川機関区（現・旭川運転所）に配属されていた機関車は函館本線、宗谷本線等で旅客列車を牽引していた。
◎函館本線　旭川　1963（昭和38）年3月8日

出発線で貨車を率いて待機するD51は60号機。蒸機溜めと砂箱を煙突と一体化したカバーで覆う個性的な姿の初期形デゴイチだ。同機は1937（昭和12）年に川崎車輌（現・川崎車両）で製造。落成直後に追分機関区の配置となった。しかし新製配置からほどなくして東海道本線の稲沢機関区、仙台機関区等貸し出されて1940（昭和15）年に追分へ帰還。以降、旭川機関区を経て名寄機関区に転属した。
◎函館本線　旭川　1963（昭和38）年3月8日

機関区構内の整備線横には方形の車庫があり、気動車の留置、整備等が行われていた。車庫の前に留め置かれた前面4枚窓の車両はキサハ04。機械式気動車キハ41000（後のキハ04）から機関、駆動部等を撤去し、気動付随車化した車両だ。103号車は改造当初、僚機104号車と共に日高本線の静内機関区に配属された。
◎函館本線　旭川
1963（昭和38）年3月8日

蒸気機関車の火床に溜まった灰を落とすアシュピットが掘られた整備線の上には、石炭を機関車の炭水車に積み込むガントリークレーンが設置されていた。一つの貯炭槽から2線に停車する機関車へ積み込み作業を行うことができる大規模な施設だった。高所を渡るクレーン用の梁には、操作機器を搭載したゴンドラが見える。
◎函館本線　旭川　1963（昭和38）年3月8日

1961（昭和36）年10月１日の国鉄ダイヤ改正で道内初の特急列車が誕生。函館～旭川間で特急「おおぞら」が運行を開始した。車両は同ダイヤ改正に伴い、全国的に増発された特急の多くに対応すべく製造された特急形気動車キハ82系が充当された。運用の合間、パノラミックウインドウを備えたすっきり顔の新型気動車が機関区に休む。◎函館本線　旭川　1963（昭和38）年３月８日

旭川電気軌道

旭川電気軌道の線路は、いずれも既存の道路上に敷設され、旭川や東川の市街地では路面軌道の様相を呈していた。起点の旭川四条付近等は石畳敷き。しかし街中へ出ると砂利を敷いた道床があり、レール間の枕木がむき出しになっていた鉄路は自動車等の侵入を拒む専用軌道であることを無言のうちに主張していた。
◎旭川電気軌道東川線　旭川四条(あさひかわよじょう)〜旭川追分　1963(昭和38)年3月8日

昭和初期に国鉄旭川駅至近の市内中心部と東川町
等、南東部の郊外を結ぶ電化鉄道として発足した
旭川電気軌道。モハ100形は1949（昭和24）年製
の電動車。集電装置はトロリーポールとパンタグ
ラフを併せ持つ。構内に架線が同車用のパンタグ
ラフでは届かない高い位置に設置されている箇所
があることに対応した仕様だった。
◎旭川電気軌道東川線
旭川四条
1963（昭和38）年3月8日

2軸の有蓋貨車1両を牽引して始発駅を離れるモ
ハ500形。東川町の一帯は上川盆地における穀倉
地帯であり、米をはじめとした農作物等が鉄道で
運搬された。電車が牽引する貨物列車は不定期運
行で、貨車は定期の旅客列車に連結されることが
あった。自社籍の貨車には当時の鉄道省、国鉄か
ら譲渡された石炭車や2軸車があった。
◎旭川電気軌道東川線　旭川追分
1963（昭和38）年3月8日

東旭川線との分岐駅に入線するモハ500形。定山
渓鉄道から譲り受けたモハ100形の車体等を流用
して日本車輛製造で1956（昭和31）年に製造され
た。台車や電装機器等は、前年に新製されたモハ
1000形と同じものが使われていた。両妻面は張
り上げ構造風の屋根部と、3枚窓の組み合わせで
個性的な面立ちとなっていた。
◎旭川電気軌道東川線　旭川四条
1963（昭和38）年3月8日

三井芦別鉄道が乗り入れていた頃の国鉄芦別駅。駅舎向かい側のホームは島式で、国鉄線乗り場から続き番号になっていた3番乗り場に三井芦別鉄道の旅客列車が発着していた。3番乗り場と並んで石炭を運ぶ貨物列車等を留め置く留置線が数本あった。また、駅舎側には一般貨物を扱う側線が敷設されていた。
◎根室本線　芦別
1963（昭和38）年3月9日

三井芦別鉄道三井芦別鉄道線

三井芦別鉄道で最急勾配となる16.66‰の勾配票が立つ山間をキハ101がゆっくりと走って行った。三井芦別鉄道は国鉄根室本線の芦別駅と芦別川上流の芦別市頼成（らいじょう）町に置かれた頼成駅を結ぶ総延長9.1kmの地方鉄道だった。頼城からさらに800m上流には玉川停留場があり、客扱いのみが行われた。同施設は頼城駅の構内扱いだった。◎三井芦別鉄道三井芦別鉄道線　1963（昭和38）年3月9日

起点の芦別を出て国鉄根室本線と並走した気動車は、南西方向へ大きく向きを変えて国鉄線と離れ、国道425号と共に山間部の終点を目指す。市街地を過ぎ、芦別
川の流れが車窓から望まれる辺りに当鉄道唯一のトンネルである辺渓トンネルがあった。全長69mの短いトンネルを潜ると客扱いのみを行う山の手町停留場に到
着する。◎三井芦別鉄道三井芦別鉄道線　高校通り（停）～山の手町（停）1963（昭和38）年3月9日

三井芦別鉄道所属の2軸無蓋車ト20000形。1952（昭和27）年に国鉄から譲渡された元ト21786である。移籍後の車両番号はト1で車体の側面表記には数字の
下に二重線が記されていた。荷重10t、自重6.1tの小型車で昭和初期の製造。無蓋車としては初の鋼製車両だった。側板は片側2つに分割して上下方向に開閉でき
る仕様である。◎三井芦別鉄道三井芦別鉄道線　芦別　1963（昭和38）年3月9日

付近で三井芦別炭鉱が操業していた頼城駅。専用鉄道時代の1945（昭和20）年12月25日。西芦別（後の三井芦別）からの延伸に伴い開業。鉄道線の終点となった。三井芦別鉄道の旅客営業は1972（昭和47）年に廃止された。頼城駅は貨物駅として存続し、採掘された石炭を積み出す拠点となった。写真の奥に石炭を貨車に積み込むホッパーが建つ。◎三井芦別鉄道三井芦別鉄道線　頼城　1963（昭和38）年3月9日

気動車が牽引する付随車として使用されたホハ10。国鉄飯山線の前身となった飯山鉄道に在籍していた大正時代製の車両を1941（昭和16）年に購入した。15m
級の車体は1951（昭和26）年に半鋼製の仕様へ更新化された。尾灯の取り付け口が1か所開けられた、食パンのような形状の切妻の妻面には貫通扉が設置されて
いた。◎三井芦別鉄道三井芦別鉄道線　頼成　1963（昭和38）年3月9日

3扉車のナハニ1。元は昭和初期に製造された17m級電車のモハ31形である。第二次世界大戦下で被災したものを日本鉄道自動車（現・東洋工機）で復旧。当時
の三井鉱山専用鉄道が地方鉄道への転換を機に購入した。客室中央の乗降口には当鉄道へ入線後、内側にステップが設置された。
◎三井芦別鉄道三井芦別鉄道線　頼成　1963（昭和38）年3月9日

気動車の付随車として使用された客車の車内。天井や床面等は木製である。座席は狭窓4つ分の長さを持つロングシート。一見、通勤車両のように見えるがつり革等は設置されていない。座席上部の棚には、細い板がいくつも渡されている。天井の中央部には地元時計店の広告が吊るされ、鉄道が営業していた時期には炭鉱で賑わった芦別市の活況を偲ばせる。
◎三井芦別鉄道三井芦別鉄道線　頼成
1963（昭和38）年3月9日

芦別市の渓谷を通っていた三井芦別鉄道の沿線は冬季になると積雪に見舞われる機会が多く、自社で除雪車を保有していた。形式はキ100となっているが、車体に自重23.3tの表記があり、国鉄に在籍した同形式名のラッセル車よりも小振りな印象だ。運転室の前面は小振りな窓が組み合わされて台形状になっていた。
◎三井芦別鉄道三井芦別鉄道線　頼成
1963（昭和38）年3月9日

ホームで発車時刻を待つキハ101。運行する列車の客貨分離を実施するため、1958（昭和33）年に3両導入されたキハ100形の1番車だ。多くの国鉄、私鉄用の電車や気動車等を手掛けた新潟鐵工所製である。車体の前後に2枚窓を備える非貫通形の両運転台車だ。側面客室窓の上部にはスタンディングウインドウ（バス窓）が並ぶ。
◎三井芦別鉄道三井芦別鉄道線　頼成
1963（昭和38）年3月9日

三菱鉱業美唄鉄道線

◎三菱鉱業美唄鉄道線　美唄　1963（昭和38）年3月9日

機関庫の前に並んだ4110形。急勾配区間が立ちはだかる国鉄奥羽本線の板谷峠越えに向けて製造されたEタンク機だった。美唄鉄道線には自社製機と国鉄からの譲渡機を合わせて最盛期には7両が在籍した。個性的な風貌をした大正生まれの機関車が並ぶ様子は、電化される前の奥羽本線庭坂機関区を髣髴とさせた。

上下線ホームの間に敷かれた線路3つを跨線橋と荷物移動用のテルハが跨ぐ。真ん中の
通過線をD50牽引の石炭列車が駆けて行った。美唄鉄道線の列車が共用する国鉄の下
りホームには「南美唄方面、常盤台方面」と記載された乗換え案内板が吊るされていた。
南美唄駅は1973（昭和48）年まで営業していた国鉄函館本線南美唄支線の終点である。
◎函館本線　美唄　1963（昭和38）年3月9日

大柄な方形庫が建つ隣に転車台が設置されていた。当区の転車台は円形に掘られた転車台坑道の内側に敷かれたレール上に桁材が載る上路式だ。機関車の運転台では、機関士が後方を確認する動作をしていた。国鉄時代は原則として逆機で運転していた4110形だが、ここでは本線上を前向きで走行する機会が多かった。
◎三菱鉱業美唄鉄道線　美唄　1963（昭和38）年3月9日

美唄鉄道所有のラッセル車キ101。1929（昭和4）年に鉄道省（後の国鉄）苗穂工場で製造された。同形式は同鉄道向けの車両が落成した年の前年から1956（昭和31）年までの長期間に渡って製造された。線路上の雪を描き分けるラッセル部の形状は、国鉄用機の多くが直線でかたちづくられているのに対して、所々Rの付いた個性的な意匠になっている。◎三菱鉱業美唄鉄道線　美唄　1963（昭和38）年3月9日

合理化策として列車運用の客貨分離が行われる前の旅客列車には、機関車が牽引する客車を充当してきた。ナハ5は丸屋根の木造客車。車体側面には狭窓が3つ単位で並ぶ。床下に車体を支えるトラス棒を備え、鉄道の黎明期を偲ばせる古風な姿の車両だった。車内のストーブは2か所に設置されていた。
◎三菱鉱業美唄鉄道線　美唄　1963（昭和38）年3月9日

二重屋根を備えるオハフ9。半鋼製の車体に打たれたリベットが目立つ。同車は日本車輛製造（現・日本車両）で1928（昭和3）年に製造された。2等・3等合造客車の元国鉄オロハさん42350である。1952（昭和27）年に国鉄より譲渡され、蒸気機関車が牽引する混合列車に充当された。窓の配列パターンが車体の途中で異なり、合造車らしい雰囲気を保っていた。◎三菱鉱業美唄鉄道線　美唄　1963（昭和38）年3月9日

給炭施設の前で次の仕業に備えて支度中の6号機。元国鉄69603である。同機は1922（大正11）年に川崎造船所（現・川崎重工業）で落成。花輪線等の東北地区で使用され、1934（昭和9）年に苗穂工場での修繕を終えて岩見沢機関庫（後の岩見沢第1機関区）に配置された。1942（昭和17）年に廃車後、譲渡されて本鉄道の6号機となった。除煙板のない前周りや化粧煙突に原形の面影を残していた。
◎三菱工鉱業美唄鉄道線　美唄
1963（昭和38）年3月9日

美唄駅の美唄鉄道線側から旭川方面の構内を望む。鋼製のトラス橋で建てられた跨線橋には「正しい作業」と記された看板が掛かり、職員への安全を喚起していた。国鉄の駅舎方には急傾斜の屋根を持つレンガ積みの倉庫が並ぶ。その横にはモダンな意匠を奢られた運送会社の建物があり、石炭の街とは異なる表情を見せていた。◎函館本線　美唄　1963（昭和38）年3月9日

混合列車用の客車が並ぶ機関区横の留置線。大正から昭和初期に掛けて製造された車両が、昭和20年代に国鉄等から譲渡された。昭和40年代に入ると列車の客貨分離が推進され気動車が導入された。しかし気動車列車は1970（昭和45）年に再合理化策が実施されると廃止となり、替りに混合列車が復活した。
◎三菱鉱業美唄鉄道線　美唄　1963（昭和38）年3月9日

美唄駅の国鉄側から構内を見ていると、4110が従連で石炭列車を牽引して来た。先頭の4142号機は国鉄奥羽本線の福島〜米沢間の電化で余剰となり当鉄道へ譲渡された。3号機は1920（大正9）年に三菱造船所で製造された自社発注車だ。機関庫に掲出された「美唄鉄道」の文字が、国鉄ホームにいる乗客に炭鉱へ向かう鉄道の存在を石炭列車と共にアピールしていた。◎三菱鉱業美唄鉄道線　美唄　1963（昭和38）年3月9日

重たい旧型客車を連結しているとはいえ、小柄な2軸貨車に石炭を積んだ列車はボギー台車を履く石炭車で編成列車に比べれば軽いものだろう。大正時代に製造された貨物機9600方の社用機が、白煙をたなびかせながらやって来た。本線傍らの高台には大柄な石炭車が並んでいた。
◎三菱鉱業美唄鉄道線　美唄
1963（昭和38）年3月9日

積雪には至っていないものの北風が吹雪を連れてきた。にわかに白く霞んだ視界の向こうからD51が長大な石炭列車を牽引して現れ、国鉄駅の構内を通過して行った。241号機は1939（昭和14）年の落成以来、生涯を追分機関区に在籍した機関車だ。1975（昭和50）年12月24日。夕張線（後の石勝線夕張支線）で運行された国鉄最後の蒸気機関車による本線運転を受け持った。
◎函館本線　美唄
1963（昭和38）年3月9日

三菱鉱業茶志内
炭礦専用鉄道

茶志内駅構内に停車する9217。駅から分岐する茶志内専用鉄道に所属する機関車9200形だ。同機はアメリカ　ボールドウィン・ロコモーティブ・ワークスで1905（明治38）年に製造された。車軸配置2-8-0のコンソリデーション形飽和式蒸気機関車である。茶志内専用鉄道の開業に伴い、同じ三菱鉱業の鉄道線からやって来た。
◎三菱鉱業茶志内炭礦専用鉄道　茶志内
1963（昭和38）年3月9日

函館本線の美唄より1駅旭川方にある茶志内から分岐していた茶志内炭礦専用鉄道。東方の三菱茶志内炭鉱に隣接する茶志内鉱山までの2km区間を結ぶ運炭鉄道だった。1952（昭和27）年に三菱鉱業の鉄道部門が開業。石炭の積み出しを行う貨物列車の他、鉱山関係者等を乗せた客車による旅客列車も運行していた。
◎三菱鉱業茶志内炭礦専用鉄道　茶志内
1963（昭和38）年3月9日

木材を載せた無蓋貨車を牽引するD50形。大正時代に登場した大型貨物機は、大幅に向上した牽引定数で既存の標準的な貨物用機関車だった9600形を圧倒した。全国の幹線へ投入され、函館本線では昭和40年代初頭まで迫力ある姿を見ることができた。写真の233号機は当時、追分機関区に配置されていた。
◎函館本線　茶志内　1963（昭和38）年3月9日

路線内の機関区にC55・C57等の旅客用蒸気機関車を有していた昭和30年代の函館本線。しかし石炭等を運搬する貨物列車用として、主要な車両基地へ大量に配置されていたD51が旅客列車を牽引する機会は多かった。1008号機は旭川機関区の所属。ボイラー上のドームが蒲鉾のような形状をした戦時設計車である。
◎函館本線　茶志内　1963（昭和38）年3月9日

岩内線

函館本線の小沢駅と日本海沿岸の港町岩内を結んでいた岩内線。沿線は西側に開けた地形故、冬ともなれば風雪が連日に渡り、容赦なく吹き付ける。終点駅に到着した気動車は、前面を真っ白に雪化粧した満身創痍の状態だった。船舶輸送の拠点であった当駅は広大な貨物ヤードを備えていた。また、近隣には茅沼炭鉱の施設があった。◎岩内線　岩内　1963（昭和38）年3月10日

貨物輸送華やかりし頃の岩内駅。貨物ヤードには石炭や木材、鮮魚等を積載した専用貨物。雑貨等を載せた一般貨物が集まり、終日に渡って船便を待つ貨車の姿が絶えることはなかった。しかし並行する道路の整備やトラック等の貨物用自動車が増加するにつれて輸送量は減少し、1984（昭和59）年2月1日をもって全線の貨物営業を廃止した。◎岩内線　岩内　1963（昭和38）年3月10日

道南と道央圏を結ぶ優等列車の多くが室蘭本線、千歳線を経由するようになった昭和40年代以前、函館本線の長万部〜札幌間は長距離急行が何往復も設定された道内随一の幹線だった。函館〜札幌間を結ぶ急行列車は大型急客機C62が重連で牽引。後志地方の峠路を駆け抜けた。編成には往年の特急用客車スロ54や食堂車のマシ35が組み込まれていた。
◎函館本線　小沢〜銀山
1963（昭和38）年3月10日

函館本線の小沢から分岐した岩内線は、倶知安峠を源流として日本海へ注ぐ掘株川の谷間を通る。沿線は開けた雰囲気ながら木々が生い茂る山間区間だ。当路線で運用されていた倶知安機関区所属の9600形には胆振線等での落石等、不測の事態に備えて両側の除煙板支持帯に前照灯を2つ装着しているものがあった。
◎岩内線　国富〜小沢　1963（昭和38）年3月10日

閑散路線の合理化と経営改善を図って導入されたレールバスキハ01。自動車であるバスの設計思想を応用した小型車両だった。機関はバス用のディーゼルエンジンを搭載。気動車の称号改訂が行われる前の1955（昭和30）年にキハ10004〜キハ10011として8両の寒冷地仕様車が製造された。落成当初は全車が北海道に配置された。◎函館本線　倶知安　1963（昭和38）年3月10日

寿都鉄道

混合列車で機関車と貨車の間に収まったハ21。元は機械式の気動車で床下の片側のみにボギー台車を履いていた。後の国鉄筑肥線等を建設した北九州鉄道向けに汽車製造で、1930（昭和5）年に製造された。北九州鉄道の国有化でキハ5024となり、下野電気鉄道、東武鉄道へ移る間に付随車化改造を受けて1957（昭和32）年に寿都鉄道へ譲渡された。◎寿都鉄道　黒松内　1963（昭和38）年3月10日

明治生まれの古典機8100形等が在籍したことで
知られる寿都鉄道。しかし昭和20年代には経費
削減策として、機関車を道内でいち早く導入した。
ＤＣ512は1955（昭和30）年に汽車会社で製造さ
れた液体式変速機を備える機関車。3対の動輪は
ロッドで繋がれている。運転台にはダルマストー
ブが設置されていた。
◎寿都鉄道　黒松内
1963（昭和38）年3月10日

旅客輸送に活躍したキハ1。千葉県成田市で軌道、
鉄道路線を展開していた成田鉄道（現・千葉交通）
の元ヘテ301である。汽車製造が1930（昭和5）
年に製造した機械式気動車だった。最初の譲渡
先であった東武鉄道では付随車として使用され、
1954（昭和29）年に寿都鉄道へ譲渡された。ス
ノープラウ等の耐寒装備が装着されていない下回
りは、暖地向け車両の雰囲気を色濃く残していた。
◎寿都鉄道　黒松内
1963（昭和38）年3月10日

雪に埋もれた構内でレールだけが顔を覗かせてい
た黒松内駅。寿都鉄道は函館本線の黒松内から
西方へ進み、日本海に面した寿都湾沿岸の港町寿
都までの16.5㎞区間を結ぶ鉄道だった。開業は
1920（大正9）年。寿都で水揚げされるニシンや
沿線鉱山から採掘される鉱石物の輸送が建設の主
な目的であったが、開業当初より旅客列車も運行
していた。
◎寿都鉄道　黒松内
1963（昭和38）年3月10日

補機仕業の間合い運用で普通列車を牽引するC62。2号機は除煙板に東海道本線で活躍していた時代、特急列車の象徴敵存在だった「つばめ」マークを着けていた。現役末期、煙突に付けられていた回転式火の粉止めは未装着で、除煙板下部に点検窓が開けられていないすっきりとした姿だ。寒気の中で白煙とドレインを盛大に噴き上げ、峠が次々と控える小樽に続く鉄路へ向かって駅を発車して行った。◎函館本線　長万部　1963（昭和38）年3月11日

海辺の駅に停車する普通列車はキハ16と急行形気動車両編成。優等列車網を展開すべく投入されたキハ56等だったが、気動車の数が足りない地域では普通運用に就くことがあった。黄金町は伊達市郊外の寒村だったが優等列車、貨物列車が頻繁に往来する主要路線である室蘭本線が通り、長いホームが構内に置かれていた。島式ホームの外側には待避線があった。◎室蘭本線　黄金　1963（昭和38）年3月11日

駅構内の外れに設置された分岐器付近で大きく編成をくねらしながら貨物列車が入線して来た。牽引機はD52。第二次世界大戦下、戦時設計の仕様で登場した国内最大の貨物用蒸機機関車だ。北海道では昭和30年代の半ばから函館本線の五稜郭機関区に10両以上が配置された。D52 468号機は同形式の最終番号機で現在は京都鉄道博物館に保存展示されている。
◎室蘭本線　黄金
1963（昭和38）年3月11日

道南地方の名峰駒ケ岳を背に、白煙を吹き上げて力行するD52形蒸気機関車。幹線の重量貨物列車牽引を目的として第二次世界大戦中に誕生した大型機は、戦時中の北海道長万部機関区に配置された車両が戦後になって全て転属、廃車で一掃された後、1960(昭和35)年より五稜郭機関区に再配置され、函館本線・室蘭本線の運用に就いた。◎軍川（現・大沼）　1963（昭和38）年3月12日

2等・3等合造客車のスロハフ30。客室窓に二重窓を備える極寒冷地仕様車は、1932（昭和7）年にスロハフ31の750番台車として3両が製造された。後の改番時にスロハフ30となり車両番号は14 ～ 16が割り振られた。乗車定員は2等席が36名。3等席が34名である。晩年は普通列車にも充当された。
◎軍川（現・大沼）　1963（昭和38）年3月12日

函館市交通部

雨模様の中、飲食店や土産物屋が建ち並ぶ函館駅界隈を行く函館市電。500形は1946（昭和28）年から3年間余りの期間に30両が製造された。昭和30年代には同路線に所属する車両の中で最多両数を誇り、主力として活躍した。501号車は同形式の1番車で、最終番車530号車と共に現在も同路線で定期運用に就いている。
◎函館市交通部（現・函館市企業局交通部）大森線　松風町〜函館駅前　1963（昭和38）年3月12日

道沿いに倉庫が建つ駅前通りを走る800形は1962（昭和37）年から投入された時の新鋭車両。行先表示器には「弁天」と記載されている。この名称は現在の函館どつく前停留場を指す。同停留場は1913（大正2）年に弁天町停留場として開業。後に弁天と改称し、1965（昭和40）年に函館ドック前停留場、1985（昭和60）年に現名称へと改称を繰り返した。◎函館市交通部（現・函館市企業局交通部）本線　五稜郭駅前　1963（昭和38）年3月12日

明治時代より北海道で農耕地、居住地区の開拓が行われた中、街の中心地に付けられた地区名の十字街。函館でも現在の末広町内にある交差点周辺に往時の名が残る。電停にも同じ名前があり、本線から宝来・谷地頭線が分岐する市電のハブとなっている。市の催し物が開催される際には、当電停で折り返し運転が行われることも。◎函館市交通部（現・函館市企業局交通部）本線　十字街　1963（昭和38）年3月12日

明治時代より北海道で農耕地、居住地区の開拓が行われた中、街の中心地に付けられた地区名の十字街。函館でも現在の末広町内にある交差点周辺に往時の名が残る。電停にも同じ名前があり、本線から宝来・谷地頭線が分岐する市電のハブとなっている。市の催し物が開催される際には、当電停で折り返し運転が行われることも。◎函館市交通部（現・函館市企業局交通部）本線　十字街　1963（昭和38）年3月12日

寄棟屋根の木造家屋が続く杉並町筋の大通り。五稜郭の南側に相当する函館市の郊外部だ。舗装が完備されていないように見える道路や木製の電柱が、現在の視点からは日本離れした景色のように映る。車庫がある柏木町の行先表示を掲出する電車は600形。1954（昭和29）年に5両が導入された。登場時の正面周りは変則2枚窓の仕様だった。◎函館市交通部（現・函館市企業局交通部）湯の川線　杉並町　1963（昭和38）年3月12日

車庫へ続く軌道が本線から旧曲線を描いて分岐する柏木町界隈。併用軌道区間ながら、道路幅は広く取られているように映る。しかし、行き交う自動車の数はごく僅かで、勤め帰りと思しき歩行者や自転車に乗った人影が目立つ。昭和20年代生まれの500形が、自動車の波が押し寄せる前の和やかな街並みに良く馴染んでいた。◎函館市交通部（現・函館市企業局交通部）湯の川線　柏木町　1963（昭和38）年3月12日

雪解けが進み始めた車庫の片隅に除雪車が留置されていた。路面電車の除雪には前面に回転するササラを装備した車輌が使われてきた。正面下部の排障器を下げた姿は旧国鉄のキ100等、除雪用貨車に似た風貌である。改造当初は木製だった車体は、多くの車両が後の更新時に鋼製のものへ載せ替えられた。
◎札幌市交通局（現・札幌市電）　幌北車庫　1963（昭和38）年3月11日

車両基地で出番を待つブルーム式除雪車の雪1形。札幌電気軌道時代の1921〜1923（大正10〜12）年に製造された40形を、ササラ電車に改造した木造2軸電動車だ。後に多くの車両が車体を更新化された中、8番車は末期まで木造車体のまま使用された。同車は現在、札幌交通資料館で保存されている。
◎札幌市交通局（現・札幌市電）　幌北車庫　　1963（昭和38）年3月11日

路面電車の車内。金属製のパイプで隔てられた運転台周りは簡潔な設えだ。乗降扉の横に設置された車掌席がワンマン運転前夜の時代を感じさせる。壁面にはマイク、ブザー用のスイッチ等がある。鉄道線用車両に比べて小柄な車体故、客室側窓上のスタンディー・ウインドウが大きく見える。
◎札幌市交通局（現・札幌市電）　幌北車庫　　1963（昭和38）年3月11日

【写真】

小川峯生（おがわみねお）

1938（昭和13）年、東京・麻布に生まれ、都電と山手線に囲まれて育つ。10歳の頃から当時須田町にあった交通博物館の「子供科学教室」に通いはじめ、鉄道模型製作や鉄道写真撮影を開始して鉄道趣味に入る。高校に鉄道研究部があり、この頃から本格的な鉄道ファンになる。路面電車やゲタ電、ダイヤや車両運用、性能の研究、鉄道写真撮影を中心に活動し、現在までそれらを続けている。鉄道趣味誌への寄稿、著書多数。「鉄道友の会」元監事。

【解説】

牧野和人（まきのかずと）

1962（昭和37）年、三重県生まれ。写真家。京都工芸繊維大学卒。幼少期より鉄道の撮影に親しむ。平成13年より生業として写真撮影、執筆業に取り組み、撮影会講師等を務める。企業広告、カレンダー、時刻表、旅行誌、趣味誌等に作品を多数発表。臨場感溢れる絵づくりをモットーに四季の移ろいを求めて全国各地へ出向いている。

第二次世界大戦下の輸送力増強策に伴い導入された21形蒸気機関車。大正時代に国鉄が製造した貨物用機9600形と同系の車両だった。夕張鉄道には8両が所属。それらの中には新製車両と国鉄から払い下げられた車両がある。21号機は1941（昭和16）年に川崎車輌（現・川崎車両）で製造された自社発注車だった。
◎夕張鉄道夕張鉄道線　鹿ノ谷　1963（昭和38）年3月4日

昭和38年3月
北海道鉄道旅行写真帖

発行日 ·················· 2023年7月6日　第1刷　　※定価はカバーに表示してあります。

解説 ······················ 小川峯生（写真）、牧野和人（解説）
発行人 ··················· 高山和彦
発行所 ··················· 株式会社フォト・パブリッシング
　　　　　　　　　　〒161-0032　東京都新宿区中落合2-12-26
　　　　　　　　　　TEL.03-6914-0121 FAX.03-5955-8101
発売元 ··················· 株式会社メディアパル（共同出版者・流通責任者）
　　　　　　　　　　〒162-8710　東京都新宿区東五軒町6-24
　　　　　　　　　　TEL.03-5261-1171 FAX.03-3235-4645
デザイン・DTP ········· 柏倉栄治
印刷所 ··················· サンケイ総合印刷株式会社

ISBN978-4-8021-3413-2 C0026